国家社会科学基金项目"基于信用成本的农业价值链融资研究"（13BJL066）

国家社科基金丛书
GUOJIA SHEKE JIJIN CONGSHU

基于信用成本的
农业价值链融资研究

Research on Agricultural Value Chain Finance
Based on Credit Cost

张庆亮　等著

人民出版社

目　　录

前　　言

　　农业农村农民问题是关系国计民生的根本性问题,长期以来受到党和政府的高度重视。党的十九大报告中首次提出乡村振兴战略,要按照产业兴旺、生态宜居、乡风文明、治理有效、生活富裕的总要求,建立健全城乡融合发展体制机制和政策体系,加快推进农业农村现代化。显然,实施乡村振兴战略,已经成为决胜全面建成小康社会、全面建设社会主义现代化国家的新时代"三农"工作的总抓手,成为解决人民日益增长的美好生活需要和不平衡不充分的发展之间的矛盾、实现"两个一百年"奋斗目标和全体人民共同富裕的重大战略。2017年12月的中央农村工作会议研究实施乡村振兴战略的重要政策,部署今后一个时期的农业农村工作。2018年中央一号文件《中共中央国务院关于实施乡村振兴战略的意见》,以及2018年9月中共中央国务院印发的《乡村振兴战略规划(2018—2022年)》对大力实施乡村振兴战略作出了明确部署。2019年的中央一号文件提出:坚持农业农村优先发展总方针,以实施乡村振兴战略为总抓手,对标全面建成小康社会"三农"工作必须完成的硬任务……全面推进乡村振兴,确保顺利完成到2020年承诺的农村改革发展目标任务。

　　产业兴旺在乡村振兴战略的总要求中被摆在第一位,是乡村振兴的基石和关键,是乡村振兴的根本出路,是解决农村一切问题的前提,是实现农民增收、农业发展和农村繁荣的基础。产业兴旺离不开现代农业产业体系、生产体系、经营体系的逐步完善以及农村一二三产业融合发展。这就需要大力开发农业多种功能，延长产业链、提升价值链、完善利益链，让农民合理分享全产业链增值收益；统筹兼顾培育新型农业经营主体和扶持小农户，发展多样化的联合与合作，提升小农户组织化程度，把小农生产引入现代农业发展轨道，促进小农户和现代农业发展有机衔接。

事实上，农业价值链发展是实现产业兴旺的重要途径。随着现代农业的快速发展和人民生活水平的不断提高，消费者对农产品及其加工而成的食品质量的要求越来越高，农户或小生产者在农产品生产加工中的局限性日益明显，将其纳入农业价值链中提高其竞争力已成为必然趋势。农业价值链有效运行的基本标志是各参与主体能够获得较好的经济效益。农业价值链实现了小农户或小生产者与大市场的有效对接，确保农产品生产是按照未来市场需求进行的，能够保证农产品的质量以及合理的价格，实现小农户或小生产者的合理经济利润。与此同时，所有价值链参与主体也能够获得合理的经营利润。也就是说，农业价值链参与主体都是在不断提高农产品价值和附加价值的基础上，实现增值价值在各参与主体之间的合理分享，确保各自获得较为稳定的预期回报。由此，作为利益共同体的价值链参与主体之间的关系才能够密切起来，进而形成一个整体。

需要强调的是，农业价值链既具有封闭性又具有开放性。农业价值链参与主体在一定程度上是一体化的封闭运行，但是这种一体化的封闭运行仅仅体现在农产品价值实现和价值增值的利润分享中。事实上，农业价值链的封闭性是一定的，其具有很强的开放性，因此吸引各类市场主体或非市场主体参与其中。如价值链内的参与主体——供应商，向生产者提供种子、化肥、设备、技术等生产投入服务和信贷服务，如果供应能力不足，可以由其联合价值链外部的供应商一起提供生产投入服务，并提供信贷。另外，在投入品供应商信贷中，供应商也可以通过第三方金融机构间接实施信贷。

众所周知,农业经济的发展离不开金融支持。长期以来,农业领域的贷款成本普遍过高,金融风险居高不下,农业融资难问题一直没有得到很好解决。2018年1月发布的《中共中央国务院关于实施乡村振兴战略的意见》中明确提出:提高金融服务水平。坚持农村金融改革发展的正确方向,健全适合农业农村特点的农村金融体系,推动农村金融机构回归本源,把更多金融资源配置到农村经济社会发展的重点领域和薄弱环节,更好地满足乡村振兴多样化的金融需求。这些要求对实现产业兴旺和农业经济发展具有重要的作用。在实践中,中国农业银行、中国邮政储蓄银行"三农"金融事业部、农村信用社、村镇银行等金融机构在服务农业经济发展中还存在诸多制约因素,限制了金融服务需求的满足。长期以来,虽然从中央政府到地方政府都十分重视农村金融的发展问题,采取了降低农村金融市场准入门槛、增加农村金融供给等一系列政策措施,这在一定程度上缓解了农村金融市场的供需矛盾。然而,近20年来围绕农村金融改革所采取的相关政策和措施并没有取得比较明显的进展和效果,金融需求无法满足仍然是农业经济发展的最大障碍。大量的农户和农村中小企业存在严重的资金短缺,农业融资难问题仍然突出存在,未得到明显缓解和改善。因此,在新时代乡村振兴战略的实施中,解决农业融资难这一"顽疾"需要有创新性的思路和视角。

本书认为农业价值链融资突破了传统的解决融资难的思路和措施,将农户、小微农业企业等难以直接从金融机构获得融资支持的市场主体纳入农业价值链系统,作为一个整体与金融机构发生资金融通,进而在价值链参与主体之间也能够进行融资活动。这种基于价值链的商品交易和金融交易内在地嵌入了价值链融资的还款机制,特别是降低了信用成本,确保了价值链融资的可持续进行。一定程度上可以说,农业价值链融资之所以能够有效运行,是因为其信用成本得到有效降低。众所周知,信用成本的高低取决于信息可获得性、市场风险大小等多种因素。各种农业价值链融资工具能够很好地减少信用成本,如在投入品供应商信贷中,供应商直接向农户提供融资服务可以大大减少农户的交易成本。一方面,供应商向农户提供融资的利率是内嵌的,压缩了贷款的中间环节,降低了信用交易成本;另一方面,供应商比较了解农户,可以选择可贷款农户,促进农产品销售,确保农户有收入偿还贷款,降低了风险。同样,银行等金融机构向价值链的主导者、驱动者——龙头企业或核心企业提供融资,沿着价值链条,这些企业可以向价值链上游的参与主体提供信贷。这种依托龙头企业或核心企业向农户或小生产者提供融资的方式,不仅能够节省成本,而且可以降低风险。事实上,各种价值链融资工具都能够减少信用成本,确保农户或小生产者获得信贷支持,并能够实现农业价值链的可持续发展。

从世界各国农业经济发展的实践来看,价值链融资是解决农业融资难的一条有效路径。在一些发达国家,价值链融资得到了较好的发展,如日本农协的农户融资活动之所以比较成功,是因为农协将融资活动与农户的生产经营结合起来,也就是基于农业价值链展开的,具有价值链融资的典型特征。荷兰的菲仕兰·坎皮纳乳业合作社主导的牛奶价值链中,奶牛家庭牧场的主要融资活动是在价值链内部的合作社和公司中进行,也是典型的价值链融资。在一些发展中国家如墨西哥、哥斯达黎加、玻利维亚、秘鲁、印度、肯尼亚等,花卉、稻谷、洋蓟、棉花、牛奶、土豆等价值链融资成功的案例也非常多。

国外的实践证明,农业价值链融资为研究农村金融问题提供了一个新的视角,依托价值链各参与主体之间形成的稳定合作关系,进而实现了参与主体之间的利益联结,能够有效地降低融资中的金融风险,满足价值链参与主体的金融需求,实现多方共赢。农业价值链融资拓展了参与主体获得借贷资金的来源,作为价值链参与主体可以为其他参与主体提供资金融通,尤为重要的是这部分资金额度可能多于来自金融机构的资金额度。农户或小生产者不仅通过价值链获得资金支持,而且提高了其生产经营能力,并被引导进入农产品高附加值市场,获得的收益将会明显增多,强化了农户对价值链的认同感。当然,金融机构也会从整体上来评估价值链的竞争力和稳定性以及各参与主体的商品交易情况,以此决定提供融资的规模和方式,制定合适的金融产品和融资工具。农业价值链融资通过内部融资与外部融资方式的综合使用,将农业生产者、加工者、销售者等参与主体纳入到价值链中,并借助其特有的运行机制,这样就形成了基于商品交易的贷款偿还机制,可以缓解信息不对称、降低信用风险、节约交易成本,因而可以较好地解决融资难问题。

事实上,国内在农业价值链融资方面也有一些初步的实践,尽管这些实践还不够成熟,但仍值得关注和研究。如何从理论上对农业价值链融资进行更好阐释,进而促进其更好发展,成为一个迫切需要解决的问题。如,农业价值链融资如何实现价值增值和价值链参与主体之间的价值分享,以及在此基础上如何实现正式金融与非正式金融、商业信用与银行信用、现金交易与信用交易、直接融资与间接融资、外源融资与内源融资的互动?农业价值链融资的发展需要依托什么样的组织?农业价值链融资中的信用交易成本如何?农业价值链融资的影响因素有哪些?农业价值链融资的发展需要什么样的政策支持?这些问题都有待进一步的研究。本书正是主要围绕这些问题展开深入的理论和实证研究的。

在理论层面上,本书的研究具有一定的前瞻性和研究价值:一是运用信息经济学、博弈论、交易成本理论等经济学理论探讨农业价值链融资模式问题,这为政府解决农业融资难问题提供了理论依据与新思路;二是从理论层面尝试将农业价值链分析架构与信用成本分析架构结合起来;三是农业价值链融资机制创新研究对其他机制创新研究具有一定的启示价值。在实践层面上,本书的研究同样具有重要的现实意义:一方面,为农业价值链参与主体之间如何实现融资支持以及如何提高农业生产组织化程度、农业现代化程度以及农民收入提供了实践支持;另一方面,对拓展农村金融机构的发展空间、活跃农村金融市场,具有重要的现实意义。

本书旨在从理论与实证层面分析农业价值链融资如何降低信用成本,探讨农业价值链融资节约信用成本的内在运行机理,从而为推动我国农业价值链融资的发展提供政策建议。

需要指出的是,基于信用成本的农业价值链融资研究是一个内容丰富的论题,其相关理论在不断的发展与完善当中。同时,相关研究工作实践性强,需要广泛且深入的调研。然而,实地调研工作由于条件限制可能做得仍不够扎实,因而由调研案例得出的结论是否具有普遍适用性仍有待进一步验证。在本书写作中,笔者深切感受到这一领域涉及知识极其广泛,相关理论十分丰富,有待进一步更加深入细致的研究,如农业价值链内部融资机制和外部融资机制的融合以及农业价值链融资的动力机制等问题。

导　　论

第一节　研究依据

"三农"问题关系我国改革发展稳定的大局,是我国经济社会发展的重中之重。自2004年起,中央连续发布以"三农"为主题的一号文件,力图更好地推动"三农"问题的解决,这些文件几乎都把农业融资服务放在突出的位置。然而,农业融资难一直是制约我国农村经济发展的瓶颈。国内外学者从不同的视角对农业融资问题进行了广泛的探讨和研究,形成了一些有见地的研究成果,为我国农业融资发展提供了全新思路和经验借鉴。但是,农业融资仍然面临诸多问题的制约。基于既有研究思路和分析视角的局限性,国内外学者开始从农业价值链视角来探讨解决农业融资问题。事实上,国内农业一体化的实践为研究农业价值链融资提供了有力的支持。

一、研究背景

众所周知,农业是国民经济的基础。农业的发展程度和水平直接决定和影响着一个国家的发达程度和水平。农业也是一个国家不可或缺的产业,可以为其他产业的发展提供有力支撑。农业还是全面建成小康社会、实现现代化的基础。当前,如何解决好"三农"问题仍是工作中的重中之重,需要坚持强农惠农富农政策不减弱,推进农村全面小康建设不松劲,加快发展现代农业,加快促进农民增收,加快建设社会主义新农村。

改革开放初期,以家庭联产承包责任制为主要内容的农村改革,有力地推动了农村社会经济的快速变革。农业摆脱了长期徘徊不前的状态,快速发展起来,有效地支撑了国民经济的快速发展。然而,随着社会主义市场经济体制的逐步建立和完善,"三农"发展出现了一些新情况,凸显了一系列的新矛盾和新问题。集中表现在:以家庭承包经营为基础、统分结合的双层经营体制虽然在宪法中明确下来,但是在实践中没有得到完全落实。农村实行联产承包责任制以后形成的家庭分散经营和集体统一经营相结合出现了问题,"分到"土地等生产资料的农户家庭较好地实现了"分散"经营,而不适合农户承包经营或农户不愿承包经营的生产项目则没有能够由集体"统一"经营。显然,统分结合的双层经营体制远远没有形成,"统一经营"名存实亡。由此导致"小大"矛盾即"小农户、大市场""小生产、大市场"矛盾的凸显,供给农户化(家庭化)的小生产与需求社会化的大市场的矛盾不仅直接导致农业生产大起大落、农民利益受到损害、农村发展缺乏动力,而且影响着整个国民经济的健康发展。"三农"问题已经成为关系到我国改革发展稳定大局的大问题和全面建成社会主义现代化国家的重中之重。

要破解"统分结合的双层经营体制"不完善带来的"小生产、大市场"的矛盾,就需要提高农民、农业生产经营的组织化程度,这也是党和政府高度关注的重大问题。党的十八届三中全会通过的《中共中央关于全面深化改革若干重大问题的决定》(以下简称《决定》)明确提出:加快构建新型农业经营体系。坚持家庭经营在农业中的基础性地位,推进家庭经营、集体经营、合作经营、企业经营等共同发展的农业经营方式创新。允许农民以承包经营权入股发展农业产业化经营。鼓励承包经营权在公开市场上向专业大户、家庭农场、农民合作社、农业企业流转,发展多种形式规模经营。鼓励和引导工商资本到农村发展适合企业化经营的现代种养业,向农业输入现代生产要素和经营模式。自

2004 年以来,中央连续发布的一号文件均以"三农"为主题,旨在推进农村发展和农业现代化。2016 年中央一号文件《中共中央国务院关于落实发展新理念加快农业现代化实现全面小康目标的若干意见》提出:大力推进农业现代化,必须着力强化物质装备和技术支撑,着力构建现代农业产业体系、生产体系、经营体系,推动粮经饲统筹、农林牧渔结合、种养加一体、一二三产业融合发展,让农业成为充满希望的朝阳产业。完善农业产业链与农民的利益联结机制。促进农业产加销紧密衔接、农村一二三产业深度融合,推进农业产业链整合和价值链提升,让农民共享产业融合发展的增值收益。

显然,这些政策和措施对于推动农业的组织化、现代化、产业化都有重要作用。当然,要实现农业的组织化、现代化、产业化必然需要资金的强有力支持。而长期以来我国农业发展面临的资金约束问题影响和阻滞了农业的组织化、现代化、产业化。事实上,为了解决农业融资难的问题,党和政府已经采取了一系列的政策措施。党的十八届三中全会的《决定》明确提出:鼓励农村发展合作经济,扶持发展规模化、专业化、现代化经营,允许财政项目资金直接投向符合条件的合作社,允许财政补助形成的资产转交合作社持有和管护,允许合作社开展信用合作。连续多年一号文件都涉及农村金融发展问题,分别从不同的角度对农村地区金融市场的组织创新、工具创新及服务方向等方面进行指引,表明了国家对农村金融服务"三农"问题的重视。2016 年的中央一号文件提出:一方面,推动金融资源更多向农村倾斜,加快构建多层次、广覆盖、可持续的农村金融服务体系,发展农村普惠金融,降低融资成本,全面激活农村金融服务链条;另一方面,完善农业保险制度。尽管这些政策措施有的早已实施,但是取得的成效不是很大或还有待于检验是否有效。

金融是现代经济的核心,农村经济的发展离不开农村金融的发展。当前,我国农业融资难的根本原因在于信息不对称、交易成本高、抵押物缺乏、信用风险大等,这就需要创新思路和理念探索解决农业融资难的新方法和途径。党的十八届三中全会明确提出:经济体制改革是全面深化改革的重点,核心问题是处理好政府和市场的关系,使市场在资源配置中起决定性作用和更好发挥政府作用。因此,借助于政府已有的措施,发挥市场的决定性作用是解决这一难题的唯一途径。2014 年的中央农村工作会议和 2015 年的一号文件都提出,要把产业链、价值链等现代产业组织方式引入农业,促进一二三产业融合互动。2016 年的一号文件提出:创新发展订单农业,支持农业产业化龙头企业建设稳定的原料生产基地,为农户提供贷款担保和资助订单农户参加农业保险。鼓励发展股份合作,引导农户自愿以土地经营权等入股龙头企业和农民合作社,采取"保底收益+按股分红"等方式,让农户分享加工销售环节收益,建立健全风险防范机制。把农业保险作为支持农业的重要手段,扩大农业保险覆盖面、增加保险品种、提高风险保障水平。积极开发适应新型农业经营主体需求的保险品种。探索建立农业补贴、涉农信贷、农产品期货和农业保险联动机制。这些政策和措施的实施为农业价值链融资的发展提供了有效支撑。

应该说,这些政策和措施在推进我国农村金融改革和创新方面起了积极的作用,在一定程度上取得了一些进展。然而,从整体上来看,农村金融发展并没有取得较大突破,农业融资难仍然是常态。学者们从不同视角对我国农村金融研究得出的结论几乎一致:农村金融领域存在巨大的资金缺口。农户、小微农业企业等所需要的金融服务短缺,农村金融市场普遍存在信贷配给短缺现象,各种因素阻碍着金融机构提供农村金融服务。因此,理论界和实务界都在关注如何解决农业融资难问题从而实现农村经济的更好更快发展。

国内外的实践及其理论研究证明:农业价值链融资已经成为解决农业融资难的有效途径。简单地说,农业价值链融资通过内部融资与外部融资方式的有机整合,并借助其特有的运行机制,可以在一定程度上解决信息不对称的问题,降低信用风险、节约交易成本。农业价值链融资将解决农业融资难的问题拓展到了价值链参与主体之间,以及将价值链参与主体与外部市场主体(尤其是金融机构)联系起来,依托价值链来进行信贷交易,是一种全新的方式。因此,关注和研究农业价值链融资问题是我国农村金融发展的新情况、新趋势。

二、研究意义

近年来,价值链融资已经成为国内外理论界专家和实践界人士关注的热点问题。价值链融资以其独特的运行机制,实现了价值链内外参与主体之间的资金融通,有效缓解了融资难问题。但是,价值链融资在理论和实践方面仍然需要进行探索和推进。本书旨在探讨农业价值链融资如何降低交易成本,以及其在实践中如何运行,进而为推动我国农业价值链融资又好又快发展提供理论支撑和实践借鉴。

(一)理论意义

对于农业价值链融资的理论研究,国外学者已经形成了很多开创性的研究成果。而在我国由于实践的发展滞后于国外,理论研究才开始起步,仅有的少数文献多是进行简单的理论分析或者案例研究,对于深层次的理论问题还没有更多探讨。本书从交易成本的视角来研究农业价值链融资,从理论与实证方面展开,探讨节约交易成本的机理。同时,结合农业价值链参与主体普遍存在的分散性与小型化特征,深入分析参与主体如何实现利益的保障和交易成本的节约。

(二)现实意义

农业价值链融资在国际组织的推动下,在一些发展中国家的实践中取得了很大的进展。我国的农业价值链融资也已经开始发展,并逐渐成为解决农户、小微农业企业融资难的重要途径,成为推动农业现代化的重要手段。这就需要总结既有的农业价值链融资的做法和经验,探讨如何使其能够更好适用于农业产业发展。本书注重总结推广促进农业价值链融资发展的相关经验及政策措施,为解决农业融资难提供全新的方案,促进我国农村金融发展。

（三）问题的提出

众所周知,全面建成社会主义现代化国家最艰巨、最繁重的任务在农村,没有农村的现代化,就没有全社会的现代化。而实现农村的现代化必须以农村经济的持续快速发展和农业现代化取得明显进步为前提。农村经济的发展离不开金融支持,农村金融市场的发展有助于推动农村经济的发展。然而,长期以来两者的良性互动并没有形成,农村经济的发展缺乏金融支持,农村金融市场的缺失也阻碍了农村经济的发展。尽管从中央政府到地方政府都非常注重农村金融发展问题,也采取了一系列的政策措施,但是农业融资难问题一直持续,并没有得到明显的缓解和改善。

早在 2004 年的中央一号文件《中共中央国务院关于促进农民增加收入若干政策的意见》中,就明确提出:"改革和创新农村金融体制。……鼓励有条件的地方,在严格监管、有效防范金融风险的前提下,通过吸引社会资本和外资,积极兴办直接为'三农'服务的多种所有制的金融组织。……探索实行动产抵押、仓单质押、权益质押等担保形式。……加快建立政策性农业保险制度,选择部分产品和部分地区率先试点,有条件的地方可对参加种养业保险的农户给予一定的保费补贴。"此后,每年的中央一号文件都涉及农村金融问题,如 2007 年中央一号文件在统筹推进农村改革中谈到农村金融,提出大力发展农村小额贷款。2010 年中央一号文件强调提高农村金融服务质量和水平,积极推广农村小额信用贷款。2014 年中央一号文件《关于全面深化农村改革加快推进农业现代化的若干意见》更是突出农村金融的重要地位,体现在将"加快农村金融制度创新"单独列为一个部分,提出:强化金融机构服务"三农"职责;发展新型农村合作金融组织;加大农业保险支持力度。然而,这些制度设计和政策措施并没有在实践中取得明显的预期效果。

事实上,农业融资难在发展中国家是较为普遍的现象和问题,而在发达国家几乎不存在。一些发展中国家和国际组织试图通过一些实践探索和制度创新来解决农业融资难问题。与此同时,发达国家和地区的实践及经验值得关注和研究。学者们通过研究发展中国家和发达国家的农村经济发展以及其金融支持实践提出了农业价值链融资理论,为解决农业融资难问题提供了全新的思路和视角。

传统的农业融资理论重点关注改革农村金融体制、创新农村金融组织、发展民间借贷、完善农村金融市场等方面。而农业价值链融资将农业生产者、加工者、销售者等参与主体纳入到价值链中,基于价值链独特的运行机制以及参与主体生产经营活动的可预期,形成了基于商品交易的贷款偿还机制,这样资金借出者向价值链参与主体融资的风险大大降低,因而较好解决了融资难问题。特别需要强调的是,价值链参与主体获得的资金一方面由外部金融机构提供,另一方面是由价值链上游或下游参与主体提供,也就是说,融资不再仅仅局限于外部金融机构,从而拓展了融资的来源渠道。

近年来,世界银行(World Bank,WB)、联合国粮食及农业组织(Food and Agriculture Organization of the United Nations,FAO)、美国国际开发援助署(United States Agency for International Development,USAID)、泛美开发银行(Inter-American Development Bank,IDB)等国际组织广泛关注农业价值链融资。当融资来自价值链内部,即农户等小微农业主体可以从价值链上的参与主体获得融资时,价值链外部的银行等金融机构开始意识到价值链的重要性,并专门针对价值链及其参与主体开发金融产品,进而从价值链内外部更好地满足了小微农业主体的融资需求。

国内外的实践证明,农业价值链融资已经成为有效解决农业融资难的重要途径和措施。那么农业价值链融资的理论基础是什么?优势有什么?农业价值链融资如何降低信用成本?国内外农业价值链融资的实际效果及其信用成本如何降低?农业价值链融资的方式有哪些?运行效果如何?信用成本是如何降低的?国内外价值链融资发展的经验教训是什么?如何更好地推动我国农业价值链融资的发展等问题都需要明确地回答。特别是我国农业发展的现实状况对农业价值链融资的发展还存在诸多制约,因而如何推动农业价值链融资的发展已成为迫切需要解决的问题。

第二节　研究思路和研究目标

本书主要研究农业价值链融资的信用成本问题,由于相关文献资料较少,因而研究难度较大,需要有明确的研究思路和研究目标。

一、研究思路

农业价值链融资是解决农户、小微农业企业融资难的有效方式。本书旨在对农业价值链融资如何降低信用成本进行理论分析和实证分析,探求农业价值链融资节约信用成本的内在运行机理,为推动我国农业价值链融资的发展提供政策建议。首先,本书将简单梳理农业价值链融资的研究背景、意义及相关文献,在此基础上进行理论分析。其次,通过实地调研、深入访谈获得的一手资料及搜集的各类二手资料,以实证研究方法分析农业价值链融资的效果。再次,结合实证和案例研究方法,对农业价值链融资是否节约信用成本进行实证分析和机制探讨。最后,在前面分析的基础上,结合国内外农业价值链融资发展的经验教训,提出农业价值链融资发展的对策建议,为解决我国农业融资难问题提供可供选择的可行性方案。

二、研究目标

本书研究的总体目标可以概括为:在理论分析的基础上,通过对具体案例的分析,探讨不同农业价值链中主要参与主体之间的融资机理,即农业价值链内部融资、外部融资、内部融资与外部融资相结合的三种方式的运行机制及其信用成本节约,总结国内外农业价值链融资发展的经验教训,提出我国农业价值链融资发展的对策建议。总体目标可以细分为以下具体目标:

(1)回答农业价值链融资如何拓展了农业融资渠道和途径。

（2）剖析农业价值链融资的信用成本构成及其影响因素。

（3）探求农业价值链内部融资、外部融资、内部融资与外部融资相结合的三种方式的运行机制及其信用成本节约。

（4）提出促进农业价值链融资发展的对策建议。

第三节　技术路线和结构安排

本部分主要介绍本书在研究中采用的技术路线以及具体结构安排。

一、技术路线

合理的技术路线是实现既定研究目标的保障。技术路线明确了研究的具体步骤以及解决关键性问题的方法,具有现实的具体可操作性。根据研究工作的需要,本书研究的技术路线如图0-1所示：

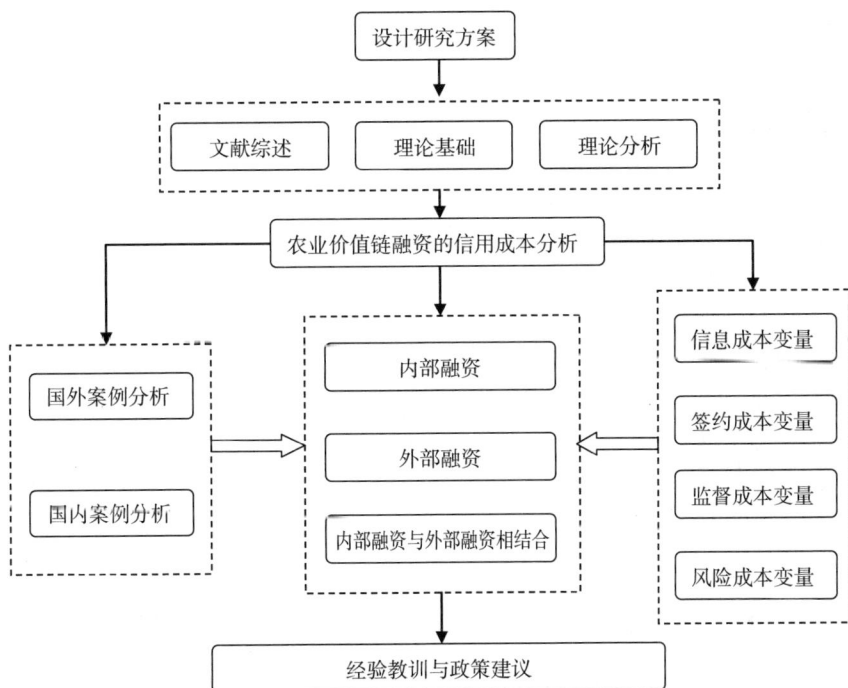

图 0-1　研究技术路线

二、结构安排

本书内容结构安排共分为十个部分:第一部分,导论;第二部分,农业价值链融资的研究综述;第三部分,农业价值链融资的理论基础;第四部分,农业价值链融资的信用成本分析;第五部分,国外农业价值链融资的实践及其信用成本分析;第六部分,农户参与农业价值链融资的效果分析;第七部分,价值链外部融资的运行机制及其信用成本分析;第八部分,价值链内部融资的运行机制及其信用成本分析;第九部分,价值链内部融资与外部融资相结合的运行机制及其信用成本分析;第十部分,基本经验与对策建议。

第四节　创新与研究的不足

本部分主要介绍本书研究的创新以及存在的不足之处。

一、创新

(一) 研究视角的独特

关于农业价值链融资方面的研究,国内外学者从不同的视角进行了探索、总结和提炼,但到目前为止,鲜有学者从信用成本视角研究农业价值链融资。事实上,信用成本的节约是农业价值链融资得以发展的基础和优势所在。关注和研究信用成本问题成为农业价值链融资的基础性问题,这就需要在定性和定量两方面对其进行更为深入的研究。

(二) 研究内容的拓展

农业价值链融资作为一种有效的融资方式,在国内外的实践取得了一定的进展。在剖析日本农户、荷兰家庭农场参与农业价值链融资的基础上,分析国内农户参与农业价值链融资的效果,实证研究结论显示:农业价值链融资有利于农户增加收入。通过探讨各种融资类型的运行机制以及多案例分析,归纳总结内部融资、外部融资及内部融资与外部融资相结合三种不同融资类型的运行机制及其信用成本的节约。

（三）研究方法的创新

国内外学者们对农业价值链融资的研究更多是集中在定性分析上,鲜有学者采用相关模型实证分析农业价值链融资的信用成本问题。本书对农业价值链融资的内部融资、外部融资及内部融资与外部融资相结合三种类型进行了实证分析,揭示信用成本节约机制,并分析其制约因素。

二、研究的不足

农业价值链融资的信用成本分析由于没有现成的文献和数据可以参考,只能创新性地进行探索,不足之处在所难免。主客观条件的限制,特别是案例数据可得性和有限性的制约,成为本书的主要不足。本书在研究中,通过比较从而选择合适的案例对农业价值链融资的信用成本进行分析,尽管已经考虑了普遍性和代表性问题,但是由此得出的结论是否具有普遍的适用性还有待于进一步的验证。

需要说明的是,由于调研对象主要是农户、合作社、小微农业企业等,其财务制度不健全、信息不透明,大大增加了问卷的难度和准确性。尽管笔者在研究中先进行了预调研,为实地调研做了充足准备,但是仍然存在诸多制约因素,影响了问卷的发放和回收,特别是有效问卷数量不够多。

第一章 农业价值链融资的研究综述

美国学者迈克尔·波特(Michael Porter,1985)首创价值链分析构架,该构架以其在战略分析中所独具的系统性与全面性优势,逐步发展成为一种分析综合经济活动的流行工具(Meyer,2007)。2003 年 6 月,在由美国国际开发署组织召开的农村金融发展国际会议上,与会专家提出原材料供应商、加工企业、货仓以及其他农业价值链参与主体向中小型农村生产者提供金融服务,扩大农村金融服务供给的重要战略措施之一是发展价值链金融。① 吉瑟和理查德(Geetha N.and Richard M.,2005)认为将价值链与农村金融联系起来,利用价值链可以使生产者、加工者和其他价值链参与主体都比较容易地从银行获得融资且成本较低。维利达和汉斯(Villeda and Hansel,2005)、纳撒内尔·布尔斯(Nathanael Bourns,2008)认为价值链方法是解决农业融资问题的一个有效工具。菲律宾国际乡村改造学院等(International Institute of Rural Reconstruction,et al.,2010)认为农业价值链融资是解决小规模农户、商人、加工者等主体由于资金缺乏而经营活动受到限制的一种有效方法。农业价值链融资逐渐受到发展中国家的广泛关注(Rodolfo Quirós,2010;程恩江,2013)。因此,农业

---

① Carter M.and Waters E.,"Rethinking Rural Finance:A Synthesis of the Paving the Way forward for Rural Finance Conference",*Collaborative Research Support Program*,University of Wisconsin Madison,Washington DC-United States of America,2004.

价值链融资(Agricultural Value Chain Finance)开始进入研究者的视野。

第一节　核心概念界定

本书的核心概念主要有信用成本、农业价值链、农业价值链融资等。根据研究的需要,做如下界定:

一、信用成本

众所周知,市场经济一定程度上可以称之为信用经济,是建立在信用基础上的经济形态。也可以说,信用是市场经济的发展基础,是市场经济的生命线。离开了信用,市场经济将不复存在。对于信用的理解,可以从伦理学、法学、管理学等不同视角来认识,也可以从广义、狭义等不同角度来认识。从狭义的经济学范畴来看,信用最通常表现为资金借贷活动的规则,即借贷双方所实行的以契约(合同)为基础的借贷、承诺、履约的行为。除此以外,信用还广泛地体现在市场贸易、货币流通、商品交换等市场行为之中。如商品交换和赊销预付等行为,反映了商品的持有者将商品暂时转让给需要者使用的债权债务关系。因此,信用泛指以货币和商品为内容而发生的授信和受信活动,即借贷和交易中的信用活动。① 一般来说,按照信用运作主体的不同,可以将信用分为银行信用、商业信用、政府信用等。

农业价值链融资之所以能够更好地解决农业融资难问题,是因为其有效地实现了商业信用与银行信用的结合、正式金融与非正式金融的结合、外源融资与内源融资的结合等等。就商业信用与银行信用的结合而言,农业价值链融资有效地突破了单纯依靠商业信用或银行信用解决农业融资难的思路,提出银行信用与商业信用不仅可以并存,而且能够有效互动。也就是说,银行信

---

① 李新庚:《信用论纲——信用的道德和经济意义分析》,中共中央党校博士学位论文,2003 年,第 115 页。

用、商业信用可以同时作用于农户、小微农业企业,两者可以互补解决其融资问题。与此同时,农业价值链参与主体也可以将自身通过银行信用获得的资金转化为对农户、小微农业企业的预付款、赊销等商业信用,反之,这些商业信用也将有助于价值链参与主体获得银行信用。众所周知,银行信用、商业信用的有效运行是需要付出代价或成本的,也即信用成本。

对于信用成本的概念,因使用的环境不同,学者们对其界定也有各种不同的认识。

李新庚(2003)认为信用成本是指信用的投资成本和"道德风险"成本。信用成本就是人们在生产和交易活动中,为了形成信用关系,获得信用资本,并实现个人利益最大化所付出的代价,包括市场主体间发生信用关系所产生的成本,如信用信息费、信用调查费、信用鉴定费、信用管理费、契约签订过程中的必要支出等,还包括"道德风险"成本(在生产和交易活动市场化的过程中可能发生各种欺诈、违约、投机取巧等现象,从而使信用的确立需要付出更多的费用)。

张书琛(2003)认为信用成本一般包括以下几个方面:第一,建立信誉的成本。经济单位之间在生产和交易过程中建立信用关系,是需要投入、付出代价的。第二,为防范失信风险而付出的成本。如制定契约、规则,以及建立相应的管理机构和执法机构,都要投入一定的资源。第三,为矫治失信而付出的成本。如对失信案件的侦察、取证、诉讼、法庭审判及判决后的执行等,都要付出一定的成本。第四,由失信而造成的直接或间接的损失。

吕伟伟(2014)在研究供应链金融的融资成本时,认为信用成本是衡量总融资成本的关键因素,指的是成员企业为了融得资金,请求核心企业向金融机构提供信用担保而付出的代价,是一种非货币表现形式的成本,属于隐性成本。供应链成员企业因自身信用不足,无法使用传统融资模式从金融机构获得所需资金导致融资约束;在供应链金融环境中,成员企业通过向核心企业申请信用担保,提高信用水平缓解资金约束从而满足其融资需求;在为成员提供信用担保期间,核心企业承担成员企业的毁约风险。所以,成员企业的信用成本用核心企业的担保代偿成本衡量。

徐洁(2007)认为信用成本是指人们在交易活动中,为取得他人的信任或信任对方所付出的金钱、时间和精力。信用成本既可能由信用提供者来负担,也可能由信用接受者来负担。最后由谁负担,取决于当事人对交易合同类型的选择。从不同的主体考察,信用成本在内容上有所不同。通常情况下,信用接受者会把信用成本转嫁给信用提供者,信用成本是信用提供者为取得他人信任而付出的代价。这种情况在借贷关系中更加明显,因为贷款人在市场中总是处于优势的地位。

宋雅楠(2014)在研究中使用了信贷交易费用的概念,指出在农村金融市场上缺乏关于农户资信状况信息的记录,金融机构必须亲自到农户所在的生产、生活场所进行实地调查,以收集农户的信息,如家庭资产状况、收入水平、经营能力以及诚信状况等。农村金融机构营业网点距离农户较远,且农户居住分散、交通便利性差,这必然会带来高昂的交通成本及信息收集成本。在贷出款项后,银行等金融机构为了监督和控制贷款的使用情况会产生高昂的监督成本。在贷款到期时,如果遇到农户违约的情况,为了能及时、全额地收回贷款,农村金融机构需要派专人上门催收,甚至需要采取诉讼方式收回款项。为此,金融中介机构也会付出高昂的贷款回收成本。

结合本书的研究,笔者将依托农业价值链各类市场主体间发生信用关系、进行信用交易所产生的成本称之为"信用成本",这些成本主要包括在授信过程中发生的交易成本(含信息收集与处理成本、谈判与签约成本、监督与合约执行成本、违约与风险成本等)以及管理成本等。从狭义的角度来看,可以将管理成本这一组织内部的成本排除在外。由此,信用成本就与交易成本内涵基本一致,不过信用成本是具体的信用交易的交易成本。因此,本书借用新制度经济学的交易成本理论来分析农业价值链融资的信用成本。

农户、小微农业企业在参与农业价值链的经营活动中,必然会涉及资金流通以及资金短缺的问题,客观上产生了商品赊购赊销以及资金借贷等信用活动。借助现代信用制度的机制设计,农户、小微农业企业获得资金支持,从而推动整个农业价值链有效运作,提高价值增值水平,实现利润分享。当然,这些依托农业价值链开展的信用活动中也要支出相应的成本,诸如寻求信用合作伙伴、谈判签约、履行契约以及处理违约等过程中产生的成本,此类成本属于交易成本。

事实上,现代经济中的信用交易之所以优于货币交易,货币交易又优于实物交易,就是因为交易成本逐渐降低。交易成本的概念为分析农业价值链参与主体之间以及参与主体与外部主体之间的信用行为及信用成本提供了强有力的分析工具。经济学家威廉姆森曾形象地把交易成本比喻为经济世界中的"摩擦力"。而信用恰如交易活动的"润滑剂"。信用在经济行为中的运用与发挥,可使交易行为更具确定性和周期性,使交易过程顺畅,减少风险防范费用,从而减少交易活动的"摩擦力",降低交易成本。可见,信用与交易成本成反比关系,信用意识越强,信用制度越健全,信用行为越普遍化,交易成本越低。[①]

二、农业价值链

学者们在研究农业价值链融资时,对农业价值链融资的基本内涵认识不一致,绝大多数情况下没有对其进行明确界定。为了便于展开研究工作,笔者在参考国内外学者相关文献的基础上,以界定农业价值链的基本概念为基础,尝试界定农业价值链融资的概念,简单概括农业价值链融资的外部融资和内部融资,并对其进行了分析。[②]

价值链(Value Chain)是美国学者迈克尔·波特(1985)在《竞争优势》

---

① 孙智英:《信用问题的经济学分析》,中国城市出版社 2002 年版,第 127—129 页。
② 以下内容参见张庆亮:《农业价值链融资:解决农业融资难的新探索》,《财贸研究》2014年第 5 期。

(*Competitive Advantage*)中提出的概念：每一个企业都是在设计、生产、运输和销售产品的过程进行种种活动的集合体。所有这些活动可以用一个价值链来表明。可以把制造业企业创造价值的过程分解为一系列互不相同但又相互关联的经济活动，或者称之为"增值活动"，其总和即构成企业的"价值链"。每一项经营管理活动就是这一价值链条上的一个环节。迈克尔·波特将价值链进一步延伸，认为一个企业与其所在产业的上下游企业（供应商和工业用户）之间亦存在一个更大的价值链，并将这种企业价值链向整个产业的延伸称之为"价值系统"。卡普林斯基（Kaplinsky，2000）对波特的企业价值链模型进行了扩展，提出了"产业价值链"（Industrial Value Chain），有时直接称为"价值链"，代替了波特的"价值系统"。"价值链"一词有时是指一个企业的价值链，有时是指一个产业的价值链。①

　　一个农业价值链通常是由一个特定的成品或密切相关的产品类别来界定，包括所有公司和他们从事的产品或成品的投入供应、生产、运输、加工和营销（或分销）活动。它包括通过市场关系纵向连接的一系列的经济活动，重点是投入供应商、生产者、贸易商、加工商和分销商之间的网络关系。② 拉里和狄盖尔（Larry and Digal，2007）认为，农业价值链是农产品从投入到生产，再到加工、销售，最后到消费者的一系列的过程，也即农产品"从田间到餐桌"的流动过程。农业价值链参与主体通过价值链将产前的农业生产资料供应、农产品种养生产、加工、深加工、销售到用户消费等环节连接成为一个系统，各环节相互紧密协作，充分整合了各参与主体（农业企业），在此基础上实现价值创造、分享。农业价值链更加突出了"创造价值"这一最终目标，描述了价值在价值链中的传递、转移和增值过程。加尔米·米勒、琳达·琼斯（Calvin Miller

----

　　①　一般认为，供应链的概念是在波特提出的价值链理论基础上发展而来。供应链涵盖了从供应商的供应商到客户的客户之间有关最终产品或服务的形成和交付的一切业务活动。供应链重点强调了"供应"，以及由此导致成本降低。这一概念与价值链有联系，但又有较大区别，不能将这两个概念混淆。

　　②　张庆亮：《农业价值链融资：解决农业融资难的新探索》，《财贸研究》2014年第5期。

and Linda Jones,2010),认为农业价值链是指农产品从生产前的投入品供应、生产到消费的产品加工和商业化的一系列价值增值活动,由纵向上具有先后顺序的工序或环节所形成的一条紧密连接的价值链条。① 总之,价值链理论引入农业产业所形成的农业价值链,对价值链上微观主体的经营活动产生了重要的影响。农业价值链的核心思想是按照生产社会化的客观要求,通过价值链各环节、各参与主体之间进行分工与协作,最终实现价值的增值和分享,进而强化了价值链参与主体之间的合作关系,从而作为一个整体提高了农业价值链的市场竞争力。

众所周知,随着发达国家率先实现农业现代化,现代农业发展面临日益激烈的竞争和挑战,农业竞争已经开始进入到农业价值链层面的竞争。农业价值链将上游的农产品生产、中游的农产品精深加工以及下游的商品市场营销连接起来,形成上中下游联动的纵向一体化,实现了农产品价值的传递、转移和增值,提升了价值链竞争力。事实上,上游的农产品生产保障供应品的投入质量、提高农产品质量、保证农产品稳定供应等,中游的农产品精深加工注重提高农产品原料的附加值、合理转化加工的副产品、提高资源利用效率等,下游的商品市场营销注重稳定销售渠道、提升品牌价值等。价值链将参与主体连接成为一条农产品生产、加工和销售一体化的闭合式链条,形成综合竞争力。价值链参与主体与链外的同类市场主体进行竞争优势明显,显著提高了参与主体的市场能力,有助于参与主体的可持续发展。价值链作为一个整体在市场交易中具有更强的议价能力,对外采购商品或服务的价格会更低,对外销售商品的价格会更高。特别是由于价值链参与主体内部的产品交易成本已经大大降低,由此价值链整体收益会得到显著提高,参与主体可以分享更多的利润。

---

① Calvin Miller and Linda Jones,*Agricultural Value Chain Finance:Tools and Lessons*,Published by Food and Agriculture Organization of the United Nations and Practical Action Publishing,2010,pp.120-125.

三、农业价值链融资

学者们在研究农业价值链融资时,对农业价值链融资的基本内涵认识不一致,绝大多数情况下并没有对其进行明确界定。为了便于展开研究工作,笔者在参考国内外学者相关文献的基础上,以界定农业价值链的基本概念为基础,尝试界定农业价值链融资的概念。①

显然,农业价值链的参与主体的生产经营活动必然需要资金,有些弱小的参与主体,如农户等小规模生产者难以获得必要的资金,这就出现了依托价值链进行融资活动的需求,即农业价值链融资。美国国际开发援助署(2006)认为农业价值链融资是指农业价值链上的农产品的购买者、加工者及投入品供应商与农产品生产者之间的互联信贷交易,可以作为金融中介的一种实际替代,这种制度安排有效地解决了农户等小微生产者的融资需求。鲁道夫·基尔斯(2011)认为农业价值链融资是指为农业价值链的参与主体提供资金的活动,包括直接价值链融资和间接价值链融资两种形式,前者是指发生在农业价值链参与主体之间的融资,如农产品经销商向农户提供预付款,投入供应商以赊销的形式向农户提供投入品等;后者是指商业银行或其他金融机构基于价值链参与主体之间的关系向参与主体提供融资,在实践中用仓单抵押贷款、应收款融资等形式。②

根据国内外学者们的研究成果,笔者认为:农业价值链融资是指农业价值链内部的各参与主体之间,以及各参与主体与农业价值链外部的金融机构或其他主体之间基于市场交易等关系所发生的资金融通。农业价值链融资将解决农业融资难的问题不再仅仅集中在正式金融机构,而是拓展了解决融资难

---

① 以下内容参见张庆亮:《农业价值链融资:解决农业融资难的新探索》,《财贸研究》2014年第5期。

② Rodolfo Quirós, *Agricultural Value Chain Finance*, FAO and Academia de Centroamérica, 2011, pp.184-188.

的新视角——通过农业价值链来克服这一难题。农业价值链融资是将专业化的金融机构与价值链连接起来,并依托价值链内部的业务关系提供金融服务。农业价值链融资能够将价值链上相互间提供各种经营服务的主体与专门提供金融服务的主体联系起来。农业价值链融资将农业价值链参与主体作为一个整体,依托价值链,通过价值链内部参与主体之间以及参与主体和价值链外部金融机构等主体之间的融资活动来解决农业融资难的问题,拓展了农业融资的途径和方式,特别是注重拓展参与主体之间的融资方式,这在一定程度上缓解了农业融资难的问题。

农业价值链融资将信用活动嵌入到农产品从生产、加工、流通、销售的一系列价值增值过程中,基于上下游之间的真实经济交易,以其所生产或经营的产品作为保障,从而能识别风险并能较好地控制风险、降低成本。农业价值链融资把整个价值链作为提供金融服务的依据,从两个层次解决融资问题:一是基于农业价值链前后环节之间信息完全对称的特征,在价值链上各参与主体之间实现价值链内部融资;二是基于农业价值链从生产到消费的每一个环节的附加值提升的特征,金融机构对价值链上的各参与主体提供金融支持,实现价值链外部融资。农业价值链融资有助于解决农业融资难问题,进而提高价值链的整体经济效益,实现农业产业化经营,提高农民收入。同时,对拓展农村金融机构的发展空间、活跃农村金融市场,具有重要的现实意义。

农业价值链融资可以通过图形方式进行反映,如图1-1所示。农业价值链融资的金融服务提供者的类型主要有:一是商业性金融机构、政策性金融机构、小微型金融机构、非正式金融机构(循环储蓄和信贷协会、储蓄和信贷合作社、信用合作社、放债人、朋友和亲戚)、风险投资公司和天使投资者、公共资金(政府、捐助者、国际农业发展基金等)等;二是价值链参与主体。另外,价值链外的非金融机构因其与价值链参与主体的密切经济关系也可以为价值链参与主体提供资金融通,鉴于分析问题的便捷性,此类机构不再单独分析。农业价值链融资主要金融产品的类型除常规存款、贷款、保险等产品外,还有依托价值链参与主体的预付款、赊销、仓单抵押融资、贸易信贷、商品融资等短期流动贷款，以及设备租赁融资等中长期贷款。

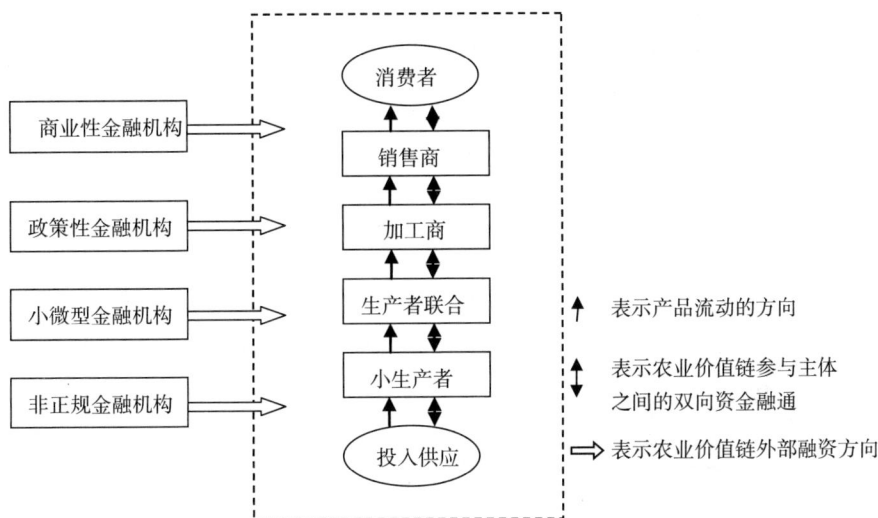

图1-1 农业价值链融资

为了更形象地说明农业价值链融资的概念，笔者借用泰国的虾价值链融资图进行描述，见图1-2。可见，在泰国的虾价值链融资中，一方面，从价值链外部来看，农业与农村合作银行、泰国中小企业发展银行、政府邮政储蓄等外部金融机构，根据虾农、合作社、加工商、出口商或贸易商等虾价值链参与主体的生产经营情况为其提供外部融资服务；另一方面，从虾价值链内部来看，虾农、合作社、加工商、出口商或贸易商等虾价值链参与主体之间基于未来的农产品交易关系互相提供内部融资服务。由此，通过价值链外部融资和内部融资满足了包括虾农或小规模养殖企业在内的虾价值链参与主体的融资需求。当然，虾价值链融资的成功运行还需要大量的外部支持。普拉莫特·普拉西蒂帕永（Pramot Prasittipayong，2007）分析了泰国的虾价值链融资模式，在其运行过程中需要政府机构、合作社等组织的广泛参与。虾农所在省渔业办公室提供养殖技术和产品，沿海渔业研究开发署监督产品安全并保证卫生条件，沿海水产养殖站提供技术服务并诊断虾的疾病,政府部门促进合作社的经营管理能力和技术水平的提高,省商务办公室支持虾的营销,农业销售合作社提供投入品和养虾饲料,太平洋食品有限公司和联盟冷冻产品有限公司根据与合作社的订单协议采购虾。① 显然,虾价值链将虾农纳入到价值链体系之中,使其能够获得需要的技术支持、资金支持等服务,确保了虾产品的质量和虾农的收益,有效引导虾农参与到农产品大市场中。

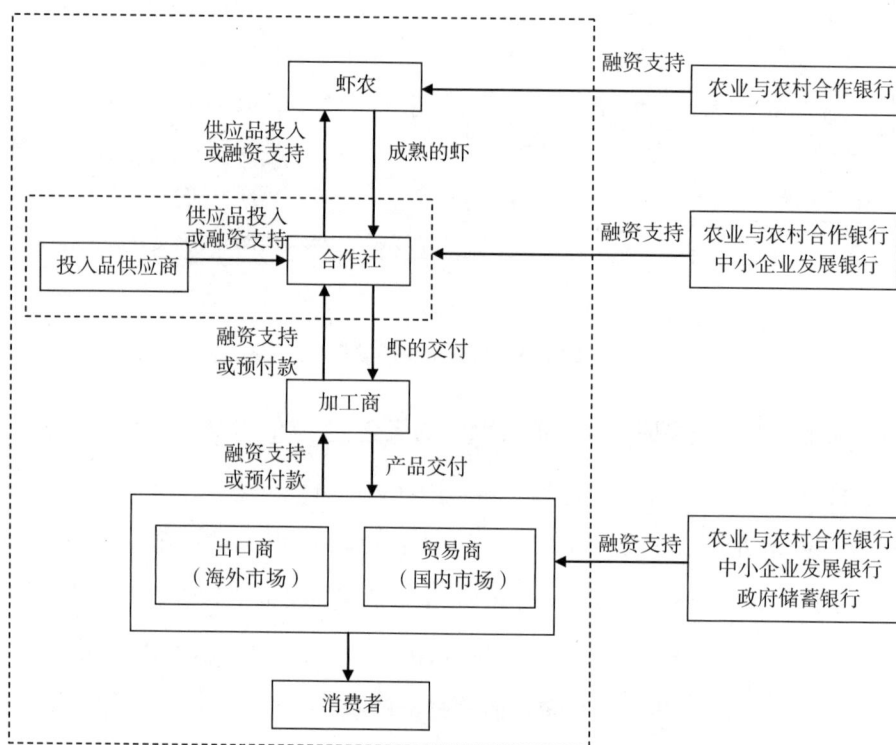

图1-2　泰国的虾价值链融资

① Pramot Prasittipayong and Wirawan Jamsin, *The Case of Value Chain Financing in the Shrimp Industry in Thailand*, Southeast Asia Regional Conference on Agricultural Value Chain Financing, Asia Productivity Organization(APO), 2017, pp.110-113.

第二节　国外研究现状

国外关于农业价值链融资方面的成果集中于以下三个方面：

一是农业价值链融资的类型。鲁道夫·奎尔斯和圣·何塞（Rodolfo Quirós and San José,2011）研究发现农业价值链融资包括两个层面：农业价值链参与主体之间的贸易信贷形式的资金流即价值链内部融资；外部金融机构向农业价值链参与主体提供金融服务而注入的资金流即价值链外部融资。此外,还介绍了仓单、回购融资、股权投资、融资租赁、保理等融资方式（Wirmen,2001）。皮尔斯（Pierce,2003）分析认为不同的融资模式适用于不同的农业价值链和不同情境,但总体来说,内部融资有助于降低风险进而降低交易成本（Fries Bob,2007）,为价值链参与主体提供充足资金支持的外部融资是可行的（Anup Singh,2012）。加尔米·米勒（2011）分析了资金主要来自银行、信用社等的价值链外部融资,其以价值增值和分享关系为基础,通过特定机制将资金输入价值链内部,如果融资没有依托这一基础和特定机制,就不是价值链融资。

二是农业价值链融资的模式。鲁道夫·奎尔斯（2006）、加尔米·米勒和卡洛斯·达席尔瓦（Calvin Miller and Carlos Da Silva,2007）、国际乡村改造学院等（2010）分析了农产品价值链融资的内涵、类型、经验与模式、金融主体的作用、技术支持等,以及促进农产品价值链融资的方法。皮尔斯（2003）认为价值链融资通过建立贸易与信贷互联机制,有效解决了抵押品不足、担保难落实、信用不完善等问题,降低了信贷交易费用,控制了信贷违约问题。克拉克等（Clark et al.,2011）认为贸易商、加工商、投入供应商、出口商等是贫穷农户农业生产信贷的主要来源,并分析了发展中国家的银行,信用社等金融机构在价值链融资模式中的产品和服务创新。冈萨雷斯—维加等（Gonzalez-Vega, et al.,2006）、加尔米·米勒和琳达·琼斯（2010）分析认为超市和农民之间的生产合同的出现增加了农民的信用价值,有助于其更容易获得正规的贷款,并支付履行合同所涉及的市场成本;同时,分析了农业价值链融资如何减少农业融资的成本和风险,并提供了一个主导企业运用价值链融资的模式、工具、方法。

三是农业价值链融资的案例。佩林和贝西格耶(Pelrine and Besigye,2005)、凯瑟琳·约翰斯顿和理查德(Catherine Johnston and Richard L.,2008)、蒙比·基马蒂等(Mumbi Kimathi et al.,2008)、理查德·约翰·佩林(Richard John Pelrine,2009)对非洲一些国家,如乌干达的玉米、甘蔗、向日葵和棉花价值链以及肯尼亚的牛肉、奶制品、鸡蛋、饲料和水产品价值链进行分析,证明了价值链和金融系统的结合是解决农业融资难的有效方法。鲁道夫·奎尔斯(2007)、国际乡村改造学院等(2010)描述了哥斯达黎加、玻利维亚、印度、秘鲁等国家的 14 个价值链融资案例,涉及大米、豆子、红辣椒、棉花、鱼、牛奶、土豆等。加尔米·米勒、琳达·琼斯(2010)、克拉克等(2011)描述和分析了发展中国家农业价值链融资的 40 个产业案例和 5 个综合案例,阐明了价值链融资的运作过程,并总结了价值链运作的经验以及如何应用推广,认为银行、信用社等金融机构的产品和服务创新对于发展价值链融资模式作用显著。

可见,国外学者对农业价值链融资的研究主要集中在融资类型、融资模式、融资案例等方面,这些研究成果不仅具有一定的理论价值,而且重点突出了农业价值链融资的现实可操作性,对促进农业价值链融资的发展具有重要的作用。

第三节　国内研究现状

国内有关农业价值链融资的研究起步较晚,这里将与农业价值链融资高度相关的农业产业链融资研究成果一并综述。① 成果主要集中于以下三个方

---

① 国内学者没有区分价值链融资和产业链融资。事实上,价值链和产业链有一定联系,但其侧重点、研究对象不同。价值链以最终消费者为起点,关注重点是如何有效地创造价值及其分享。产业链是一个中国化名词,定义至今尚未清晰。一定程度上,产业链可以认为是价值链的同义词。

面：一是农业价值链融资的动因。马九杰、张永升、佘春来(2011)探讨了农业龙头企业基于订单农业的农业价值链融资模式的动因、机制及农业融资的创新，分析了价值链参与主体在链中发挥的不同职能。任常青(2009)从价值链融资角度探讨了农村信用社的金融服务扩展，分析了金融机构开展农业产业链融资的可行性。相对于传统融资模式，农业价值链融资在降低信息不对称性方面具有其独特优势(罗元辉，2011；蔡智，2011)。洪银兴、郑江淮(2009)指出农业价值链内部融资模式，如龙头企业、营销大户等向小农户提供资金，可以有效节约信息收集与甄别成本，从而降低信贷风险和成本(满明俊，2011)，提高资金贷出者的监督能力和信贷合约实施能力。张惠茹(2013)认为价值链金融是价值链与农村金融之间的重要连接，分析了贸易商信贷、订单农业和仓单系统等的价值链金融的运行机制和潜力，提出创造良好的价值链运行环境，促进价值链内部参加主体之间相互提供金融服务，在价值链和金融机构之间创造更多、更结实的桥梁，将是未来面临的挑战；设计和实施农村金融发展战略应同时关注价值链和金融市场。靳淑平、王济民(2015)在分析马里、坦桑尼亚等国家和地区农业价值链融资实践的基础上，分析了农业价值链融资的总体框架、类型、优缺点等，认为农业价值链融资已经成为解决农业融资难的有效途径，总结了我国发展农业价值链融资可以借鉴的经验启示。董翀、钟真、孔祥智(2015)以互联合约和交易成本理论为基础，通过运用"倾向得分匹配"(Propensity Score Matching，PSM)方法，分析农民合作社提供农业订单、赊销和借款三种价值链融资方式对自身发展和服务功能的影响。结果发现，农民合作社提供价值链融资对自身发展和服务功能均有显著的激励作用，但不同类型的价值链融资的影响有很大差异，进而提出应该通过补贴、惠农信贷等方式以及以市场化为主导，引导、支持和激励农民合作社提供适当的价值链融资服务，以实现合作社和社员的互利共赢。

二是农业价值链融资的模式。蔡智(2011)认为商业银行应在借鉴国外金融机构农业产业链融资的成功经验基础上，构建农业产业链融资的新模式。

与农业产业化发展的不同阶段相对应的有园区主导型、政府主导型、核心企业主导型三类农业产业链融资模式(满明俊,2011)。陈贺(2011)分析了农业产业链融资的三种基本形式:直接融资、间接融资和混合型融资,并认为农业产业链融资模式不断创新,逐渐形成了"银行+公司+农户""银行+合作组织+农户""银行+专业市场+农户"等融资模式(佘春来,2011)。刘西川、程恩江(2013)认为借助交易主体之间的交易关系、内嵌保险元素,发挥政府主导作用,农业产业链融资模式初步实现了金融支持农业发展的模式创新。基于对"五里明模式"与"六方合作+保险模式"两个典型案例的分析,概括了我国农业产业链融资模式的发展背景、运行机制及其特点,从盈利性、交易成本、风险控制、抵押担保与政府作用等五个方面探讨了其理论含义,并在此基础上反思了已有的三种农村金融研究范式对于指导信贷支农政策的局限性。何广文、潘婷(2014)简单介绍了农业价值链的链内融资和链外融资模式。丁宁、牛俊英(2015)对农业价值链融资四种商业模式的动因和运作机理进行分析,以购买者驱动的农业价值链融资模式为例,构建了"农资企业+农户+合作社+龙头企业+农产品销售部门+金融机构"的创新模型,并研究其具体运作流程和优势,最后针对我国现阶段农业价值链融资的特点提出了相关政策建议。

三是农业价值链融资的案例。鲍旺虎、谭晶荣(2005)在分析宁夏、福建、四川等地的几种典型的"赊养"模式的基础上,对"赊养"模式进行了经济学分析,并总结了其运行条件。他们认为"赊养"是企业或大户联结农户的一种有效的农业产业化方式。显然,这是价值链融资的具体实践。宋雅楠(2012)介绍了国外的大豆价值链融资中农户的贷款流程和咖啡种植户融资的风险评估方法。马九杰、张永升、佘春来(2011)、满明俊(2011)、朱磊、冯锐(2012)等分别对国内商业银行、企业或农村合作经济组织参与的农业价值链融资进行案例分析,结果表明,不同情景下的农业价值链融资需要选择不同的具体模式。姚淑芬(2010)以温氏集团为例,简单阐述现阶段农业产业化企业的价值链融资模式,以及农村金融服务的完善和补充措施。张永升、杨伟冲、马九杰、朱乾宇(2011)以重庆金刀峡农业专业合作社为例对农业价值链融资进行了研究,介绍了重庆银行在重庆农业担保公司的担保下对合作社通过抵押品替代方式实现资金融通的过程和具体做法,分析了抵押品替代机制创新的主体、风险特征,以及化解风险的手段,并重点探讨了以合作社为载体实现产业链融资带来的社会效益和经济效益,以及产业链价值提升、产业升级、产业链内部融资等问题。王刚贞(2015)基于农户视角,以上海某生猪养殖公司为例,对农业价值链的融资模式进行深入分析,结果发现,链内融资模式基于价值链上下游之间的商业信用可以解决农户生产性的融资困境,链外融资模式则是金融机构基于公司的信用对农户进行授信,从而满足农户大额、长期的融资需求。农户通过参与价值链融资不仅可以解决融资难问题,而且还可以节约交易成本,降低经营风险,提高农业生产能力和收入水平。李建英(2015)从农业价值链融资的视角分析了推进农业产业化经营的融资机制,阐述了农业价值链融资的机制、模式构成,剖析了国内典型的农业价值链融资案例,分析了农业价值链融资在融资功能和提高竞争力功能两方面的经验教训,探讨了农业价值链融资的风险界定及其成因、风险管理。

可见,国内学者对农业价值链融资的研究起步较晚,仅仅在融资动因、融资模式、融资案例等方面进行了初步的研究。这些成果更多体现在实际应用层面,对于深入研究农业价值链融资具有重要的借鉴意义。

第四节　国内外研究述评

随着我国现代农业的发展,农业产业化、一体化的发展趋势日益凸显,产加销一体化、贸工农一体化经营将工业化的发展成果应用于农业,实现了一二三产业的有机融合,这为农业价值链融资提供了有力的实践支持。事实上,农业价值链融资为研究农业融资问题提供了一个全新的视角和思路。从国外研究的现状来看,学者们对农业价值链融资的类型、模式等进行了分析,并对在不同区域、不同农产品中的具体运用进行了概括。可见,国外对于农业价值链融资的理论研究和实际应用都已经取得了一定进展,这可以为国内农业价值链融资提供一定的经验借鉴,但是由于我国农业发展阶段和发展环境的特殊性,使得这些经验、实践做法并不能直接完全应用。从国内研究的现状来看,学者们对农业价值链融资的动因、融资模式、融资案例进行了初步探索。显然,国内学者对农业价值链融资的研究才处于起步阶段,由于研究视角选择的不同以及农业价值链融资实践的多样性,学者们还来不及研究和探索一些结合我国实际的理论层面的问题。

这些问题有:农业价值链融资如何解决信息不对称、交易成本高、抵押品缺失等问题? 农业价值链融资如何拓展了融资方式? 农业价值链融资如何实现价值增值和价值链参与主体之间的价值分享,以及在此基础上如何实现了正式金融与非正式金融、商业信用与银行信用、现金交易与信用交易、直接融资与间接融资、外源融资与内源融资的互动? 农业价值链融资的发展需要依托什么样的组织? 农业价值链融资的动力机制和运行机制是什么? 农业价值链融资的影响因素有哪些? 农村小微型金融机构如何成长发展以及如何实现大型、中型、小型、微型金融机构协调发展? 农业价值链融资中的信用交易成本是如何降低的? 农业价值链融资的发展需要什么样的政策支持? 等等。总之,国内外学者对农业价值链融资的研究还没有形成完整的分析框架,这为本书的研究提供了空间。

本书旨在从信用成本视角探讨农业价值链融资的发展问题,在理论分析的基础上,对信用成本的构成进行了系统分析和概括总结,尝试对国内外案例进行剖析并探讨信用成本降低问题,实证分析价值链外部融资、内部融资以及外部融资与内部融资相结合的三种融资方式如何降低信用成本,进而提出促进我国农业价值链融资发展的政策建议。上述研究工作具有很强的创新性,在一定程度上填补了我国关于这方面研究的空白。

第二章　农业价值链融资的理论基础

第一节　相关理论分析

众所周知,农户、小微农业企业融资难是制约我国农业经济发展的一大障碍。长期以来,围绕解决农业融资难问题,我国农村金融体制改革一直在进行中,但是到目前为止,仍然没有取得明显的效果。本书提出发展农业价值链融资是解决我国农户、小微农业企业融资难的有效途径,并运用交易成本理论进行了分析。[①]

一、交易成本理论概述

交易成本(Transaction Costs,又译作交易费用)的思想最早是由时任伦敦经济学院助理讲师、后来成为著名经济学家的罗纳德·科斯(R.H.Coase)在《企业的性质》(*The Nature of the Firm*)(1937)一文中提出来的,他分析了"利用价格机制或利用市场交换手段进行交易的成本""通过价格机制'组织'生产的最明显的成本就是所有发现相对价格的成本""市场上发生的每一笔交易的谈判和签约的费用"及"利用价格机制存在的其他方面的成本"。[②] 罗纳

---

① 张庆亮:《农业价值链融资:解决小微农业企业融资难的有效途径——从交易成本的视角》,《云南社会科学》2014 年第 5 期。

② R.H.Coase,"The Nature of the Firm",*Economica*,*New Series*,No.16,1937.

德·科斯在《社会成本问题》(*The Problem of Social Cost*)(1960)一文中进一步解释了交易成本,他指出:为了进行市场交易,有必要发现谁希望进行交易,有必要告诉人们交易的愿望和方式,以及通过讨价还价的谈判缔结契约,督促契约条款的严格履行等等,这些工作常常是花费成本的,而任何一定比率的成本都足以使许多在无须成本的价格机制中可以进行的交易化为泡影。① 科斯的中心思想是,制度运行成本(交易成本)的差别致使企业(组织)取代市场。阿罗(K.J.Arrow)是第一个提出交易成本术语的经济学家,在《经济活动的组织:有关市场选择和非市场分配相关问题》(*The Orgnization of Economic Activity:Issues Pertinent to the Choice of Market versus Non-Market Allcocation*)(1969)一文中指出:"市场失灵并不是绝对的,最好能考虑一个更广泛的范畴——交易成本范畴,交易成本通常妨碍——在特殊情况下则阻止—市场的形成",这种成本就是"利用经济制度的成本"或"经济系统的运行成本"。② 富鲁博滕(Furubotn,1986)则认为,交易费用除了阿罗(K.J.Arrow)所说的"经济系统的运行费用"外,还应该包括"建立、维持或改变体制基本制度框架的费用。"他将交易费用分为市场型交易费用(Market Transaction Costs)、管理型交易费用(Managerial Transaction Costs)和政治型交易费用(Political Transaction Costs)。其中,市场型交易费用指的是使用市场的费用和企业内部发号施令的费用;管理型交易费用包括建立、维持或改变一个组织设计的费用;政治型交易费用包括"建立、维持和改变一个体制中的正式和非正式政治组织的费用"以及"政体运行的费用"。③

奥利弗·威廉姆森(Oliver Williamson)作为交易成本理论研究的集大成

---

① 罗纳德·科斯:《社会成本问题》,载罗纳德·科斯、阿尔钦·诺斯著:《财产权利与制度变迁——产权学派与新制度学派译文集》,上海人民出版社1994年版。R.H.Coase,"The Problem of Social Cost",*Journal of Law and Economics*,No.3,1960.

② 卢现祥著:《西方新制度经济学》,中国发展出版社2003年版,第4页。

③ Oliver Williamson,*Markets and Hierarchies:Analysis and Antitrust Implications*,New York:Free Press,1975,pp.13-15.

者,在《市场与层级制:分析与反托拉斯含义》(*Markets and Hierarchies:Analysis and Antitrust Implications*)(1975)及《资本主义经济制度》(*The Economic Institutions of Capitalism*)(1985)两本著作中对交易、交易成本进行了深入分析,建立起了交易成本理论的基本分析框架,推动了交易成本经济学(Transaction Cost Economics, TCE)的发展。在前人研究的基础上,奥利弗·威廉姆森(1975)认为交易成本是为了"促成交易而发生的成本",并将交易成本分为搜寻成本、信息成本、议价成本、决策成本、监督交易进行的成本、违约成本。后来奥利弗·威廉姆森(1985)进一步深化了对交易费用的认识,他认为交易费用就是"经济系统运转所要付出的代价或费用",这种交易费用可以分为事前的交易费用和事后的交易费用两种。其中,事前交易成本包括签订合约、讨价还价(谈判)、保障合约执行等成本;事后交易成本指由于合约的不适应性产生的成本。① 达尔曼(Dahlman,1979)认为交易成本是"交易发生时产生的信息搜寻、谈判以及交易实施等发生的成本",并将交易成本分为:搜寻信息成本、协商和决策成本、契约成本、监督成本、转换成本和执行成本。②

　　显然,从前面的介绍中,可以看出交易成本的概念很难进行明确的界定,作为为促成交易发生而产生的成本,在不同的交易中往往就涉及不同种类的成本。因此,对交易成本内涵的界定一直存在较大的分歧,没有一个统一的规范。总体上来看,交易成本有广义的概念和狭义的概念。广义的交易成本是指生产成本以外的所有成本,也就是企业内的管理成本和企业外的交易成本;而狭义的交易成本是存在丁企业外部的,包括信息的搜寻、发布、讨价还价、谈判、签约、监督、合约执行和违约带来的一切成本。通常,笔者更多关注后者,即狭义的交易成本的概念。根据前人的研究成果,笔者将交易成本的构成归纳总结为:交易成本＝信息成本＋签约成本＋监督成本＋风险成本,见表2-1。

---

① ［美］奥利弗·E.威廉姆森著:《资本主义经济制度》,商务印书馆2002年版,第32页。

② Dahlman C.J.,"The Problem of Externality",*Journal of Law and Economics*,No.1,1979.

表 2-1　交易成本的内涵

类型	内　涵
信息成本	交易者为寻找潜在交易对象,搜集、整理、研究相关交易信息所需支付的成本
签约成本	为达成交易,交易双方就交易商品的价格、质量、支付时间等所作出的议价、协商,并最终签订合同等所产生的成本
监督成本	交易双方签订契约后,为了防止机会主义行为,确保交易的完整履行和有效执行而互相监督所引发的成本
风险成本	交易双方在履行契约过程中,为防止各种主观、客观因素发生导致契约无法执行的风险所引发的成本

　　奥利弗·威廉姆森(1975,1985)认为交易成本的存在源于人类两大天性:有限理性(Bounded Rationality)和机会主义(Opportunism)。因此,在选择和设计组织安排的时候,交易者面临"有限理性困境"和"机会主义威胁"两者之间的持久冲突。对有限理性的约束和对机会主义行为的预防都增加了交易成本。奥利弗·威廉姆森(1985)认为影响交易成本大小的主要因素有以下三方面:(1)交易的频率(Frequency)。交易的频率越高,相对的管理成本与议价成本也越高。交易频率的升高使得企业会将该交易的经济活动内部化以节省成本。(2)交易的不确定性(Uncertainty)。指交易过程中各种风险的发生机率。人类有限理性的限制使得面对未来的情况时,人们无法完全事先预测。再加上交易过程中买卖双方间信息不对称迫使交易双方通过契约来保障自身的利益。因此,交易不确定性的升高会伴随着监督成本、议价成本的提升,进而使交易成本增加。(3)资产专用性(Asset Specificity)。当某些投资一旦形成某种资产就很难再作重新配置使用,除非它们在转移配置中遭受重大的经济价值损失。[①]

[①]　Oliver Williamson, *Markets and Hierarchies: Analysis and Antitrust Implications*, New York: Free Press, 1975, pp. 13-15.

二、金融共生理论

金融共生理论源自生物学的共生理论。"共生"(Symbiosis)一词最早来源于希腊语,是由德国生物学家安东·德巴里(Anton de Bary)于 1879 年提出的,他认为出于生存的需要,生物体之间必然按照某种方式互相依存、相互作用,形成共同生存、协同进化的共生关系。到 20 世纪中叶以后,共生理论和方法开始广泛应用于社会科学领域,强调人与人之间、人与物之间已经结成了一个互相依赖的共同体。"共生理论"认为:共生是自然界、人类社会的普遍现象;共生的本质是协商与合作,协同是自然与人类社会发展的基本动力之一;互惠共生是自然与人类社会共生现象的必然趋势;等等。[①] 袁纯清(1998)运用共生理论研究小型经济,提出:共生不仅是一种生物现象,也是一种社会现象;共生不仅是一种自然现象,也是一种可塑状态;共生不仅是一种生物识别机制,也是一种社会科学方法。他通过创新和界定一系列重要概念,建构了共生理论作为一门社会科学所必需的概念工具体系、基本逻辑框架和基本分析方法,从而将生物学的共生学说创新为社会科学的共生理论,给人们提供了一种对于自然、社会现象认识的新的境界、新的思维和新的方法。

随着经济学家对共生理论的研究和应用,金融共生理念受到了越来越多的关注。石双玉(2008)认为金融共生是指银行与企业、银行与银行、银行与非银行金融机构等共生单元之间在一定的共生环境中以一定的共生模式形成的相互依存的关系。与生物共生理论相类似,金融共生理论也包括三个要素:共生单元、共生模式和共生环境。金融共生单元是构成金融共生体系的基础单位,主要包括金融服务供给者(银行、保险和其他金融机构以及非金融机构)、金融服务需求者(企业、居民、政府等)以及一些中介机构等。金融共生模式是指金融共生单元之间互相影响、互相联系、相互作用、相互结合的方式。

---

① 吴生华:《媒体的竞争和共生研究》,《新闻实践》2000 年第 9 期。

它既反映共生单元间的物质信息交流关系,也反映作用的强度和深度。在金融共生模式中,金融服务供给者与需求者以及金融中介等多个共生单元间互相作用、互相影响,最终实现共生体的整体发展。金融共生环境是指金融共生单元以外的所有因素的总和。金融共生环境为金融共生单元赖以生存和发展的各种外部经济、法制、文化、国际等环境因素在相互联系和动态演化中形成的有机整体。金融共生的三个要素中共生单元是共生体活动的基础和根本,共生模式是共生体存在的关键和枢纽,共生环境是共生体赖以生存的重要的外部条件。三者之间相互联系、相互影响、相互作用,共同反映金融共生系统的动态变化方向和总体发展规律。显然,金融共生理论既着眼于微观层面又着眼于宏观层面,实现了两个层面的统一,进而研究系统内部各元素相互间以及系统之间的共生规则。总之,构成金融共生体系的基础单位——金融机构共生单元之间相互补充、相互促进,从而实现了整个金融系统效益的显著提高。

三、替代性融资理论

替代性融资理论的核心思想是商业信用对银行融资的替代,其源于信贷配给(Credit Rationing)。信贷配给是指商业银行面临对贷款的超额需求时,实行贷款配给满足部分借款人的信贷需求,同时抑制贷款需求来实现信贷市场均衡的一种现象。梅尔策(Meltzer A.H.,1960)最早研究了信贷配给对企业产生的影响——有利于大企业而不利于小企业,进而分析指出是由于金融市场的不完善导致的,提出商业信用与银行融资之间存在替代关系。斯蒂格利茨和韦斯(Stiglitz and Weiss,1981)分析了信贷市场上存在的逆向选择和道德风险,证明了信贷市场上可能存在着一种长期的配给均衡,在分析信贷配给的成因后认为:银行与企业之间的信息不对称会引起逆向选择和道德风险问题,当市场上存在不同类型的借款者时,有些类型的借款者无论他们愿意支付多高的贷款利息,都可能会因为信息不对称问题而被排斥在信贷市场之外,而其他的借款者却可以得到大量贷款。① 彼得森和拉詹（Petersen M.A. and Rajan R.G.,1997）认为:信贷配给的存在使得资金需求者转而寻求银行贷款的替代性融资方式——基于资金需求导向的商业信用。显然,商业信用作为一种非正式融资渠道,是对正式信贷体系的替代,源于商业银行的信贷配给和企业的融资需求不匹配使商业信用对银行贷款产生替代作用。从融资角度出发,基于信贷配给理论,发展出了用于解释两者之间存在替代关系的替代性融资理论。替代性融资理论表明,当银行借款融资额较少无法满足企业资金需求时,企业倾向于增加商业信用融资额以缓解资金压力,故两者之间存在替代关系。②

企业与供应商之间往往存在长期的交易关系,交易双方信息透明度相对较高,这种信息优势往往是银行所无法获得的。相对现金流而言,对存货或固定资产的监控更为可靠,因此,供应商较银行更容易对企业实施有效的监控（Burkart and Ellingsen,2004）。在这种条件下,供应商会允许客户推迟付款,就形成了商业信用,这就在一定程度上解决了有资金需求企业面临的信贷配给问题。替代性融资理论可以在一定程度上解释商业信用的存在。由于获得银行融资的难度普遍较大,因而企业间的商业信用成为企业外部融资的重要手段,这使得商业信用在发展中国家的作用尤其明显（彼得森和拉詹,1997；Fisman and Love,2003）。当企业得不到银行贷款或者出现信贷配给时,商业信用将会成为银行贷款的重要替代方式（Nilsen,2002）。替代性融资理论认为,商业信用的存在是需求过度所导致的,无法获得银行贷款的企业会对商业信用存在大量需求,而这种需求的存在必然会导致商业信用的成本显著地高于银行贷款利率。③ 商业信用和银行信贷之间呈现显著替代关系,即获得较少银行贷款的企业会将目光转向寻求商业信用融资,商业信用作为银行融资

---

① 陆正飞、杨德明:《商业信用:替代性融资,还是买方市场?》,《管理世界》2011年第4期。
② 陆正飞、杨德明:《商业信用:替代性融资,还是买方市场?》,《管理世界》2011年第4期。
③ 陆正飞、杨德明:《商业信用:替代性融资,还是买方市场?》,《管理世界》2011年第4期。

体系的重要替代方,在企业受到银行信贷束缚时应该考虑将商业信用这种主要的替代性融资渠道作为参考,扩展资金链来源,以便进一步增强企业的市场竞争力。①

四、关系型融资理论

20世纪90年代以来,关系型融资逐渐成为理论界和实业界关注的热点。简单来说,关系型融资是指借款者依赖其与贷款者之间的密切关系所进行的资金融通活动。夏普(Sharpe,1990)运用一个两期模型证明了关系型融资在中小企业融资中的优势。彼得森和拉詹(1994)运用美国小企业融资调查的数据资料,以关系存续期作为融资关系强度的指标,证明了贷款可得性与银企关系之间存在正相关性,但与贷款利率的相关性则不显著。关系型融资就是能使企业付出更低资本成本和获得更多资金的紧密的融资关系。伯杰·艾伦和格雷戈里·乌德尔(Berger Allen N.and Gregory F.Udell,1995)根据贷款决策所依赖信息的不同,将银行对企业的贷款技术分为:信用评分型贷款、抵押担保型贷款、财务报表型贷款以及关系型贷款。前三种类型的贷款主要依赖易于公开获得的、可编码和可衡量的企业的财务报表信息、资产抵押品以及经营情况等非人格化的"硬信息"(Hard Information),统称为交易型贷款。而关系型贷款更多依赖难以公开获取、衡量、检验及传递的具有强烈人格化倾向的"软信息"(Soft Information)。关系型贷款的基本前提是企业与银行保持持续、封闭的交易关系,银行与企业在长期的业务活动中,通过与企业的股东、债权人、客户和雇员等利益相关者的多维度联系中积累获得的"软信息",其在很大程度上能够替代"硬信息"。米切尔和洛蕾(Mitchell and Loretta J.M.,1998)将关系型贷款定义为:建立全面、紧密的银企关系,利用银行和中小企业之间的长期稳定合作关系,最大限度地减少中小企业借贷风险的一种贷款

---

① 杜伟、万里洋、李爽:《商业信用与银行信贷间替代关系的实证分析》,《商业时代》2014年第11期。

协议。

布特(Boot,2000)认为一个国家在某一时期的融资活动属于关系型融资,那么就应该满足三个特征:(1)金融中介机构拥有企业的业主专有性信息,这些信息是普通公众所无法获得的;(2)金融机构所拥有的业主专有性信息是通过与同一客户的长期或者多种金融服务交易而得到的;(3)内部信息对于局外人自始至终具有机密性,仅仅为关系型融资双方所特有。[1] 埃尔塞斯(Elsas,2005)把关系型融资定义为"一个银行与其借款者之间长期的隐含而默契的契约"。[2] 可见,在信息不对称的市场环境中,关系型融资对于中小企业获得融资起到了非常重要的作用。蒂罗尔(Tirole,2009)认为,银行在进行贷款决策时,一方面,通过自身长期的业务活动积累关于企业所有者的相关信息;另一方面,通过其他与企业有业务往来的相关渠道获取企业的信息,降低企业的信息不透明程度。在关系型贷款中,银行可以直接通过这种关系获取企业的信用等信息,不仅降低了大量的交易费用,而且获得的信息的可信度非常高。这种类型的贷款,对于多以个人拥有的中小企业而言,不失为一个非常实用的融资方式,因为个人拥有的中小企业一般很难提供有效可信的财务报表等信息,也很少有合适的抵押物。[3]

关系型贷款理论是为解决中小企业融资信息不对称问题而发展起来的新型理论。在关系型融资中,银行通过与借款企业之间特殊的互动关系来收集真实有效的信息,从而获得了在金融市场上无法获取的私人信息,这些信息对银行进行关系企业未来贷款的事前评估具有决定性的作用。因此,伯杰·艾

---

①　Boot, A.W.A., "Relationship banking: What do We Know?", *Journal of Financial Intermediation*, No.9, 2000.

②　Elsas, R., "Empirica ldeterminants of Relationship Lending", *Journal of Financial Intermediation*, No.1, 2005.

③　Taylor L, *Varieties of Stabilization Experience towards a Sensible Maero Economics Intill Third of Word*, Oxford: Clarendon Press, 2009.转引自吕伟伟:《资金约束下供应链成员企业的融资决策研究》,河北工程大学硕士学位论文2014年,第4页。

伦和格雷戈里·乌德尔(2002,2006)提出了关系型融资主要是以"软信息"为分析基础的一种贷款技术。关系型融资能够有效减少信贷市场上的信息不对称,也有助于降低道德风险,是解决中小企业融资难的有效方式和途径。关系型融资使得企业固定地与数量极少的(通常为一到两家)银行打交道,贷款风险、利率较低,融资效率相对较高。特别需要强调的是,小银行比大银行在获取"软信息"方面更具有优势,导致其成为中小企业贷款的主体,而大银行则更多基于"硬信息"不愿意对中小企业发放贷款。

五、结构性融资理论

结构性融资起源于 20 世纪 70 年代的美国和欧洲,之后获得迅速发展。目前,美国结构性融资业务已占据了金融市场份额的三分之一。众所周知,企业能不能获得融资主要取决于银企之间的信息对称程度这一核心问题,而结构性融资针对银企之间信息不对称进行信贷风险管理。结构性融资是银行依赖借款人与客户之间的交易关系为基础进行的融资。温恩(Winn,2009)认为仓单质押、应收款融资等都可以称为结构性融资工具,并对这些工具的特征进行了总结。他认为:(1)结构性融资是基于交易进行的融资,更加关注的是交易的履约风险而不是借款人的信用风险,对交易的合约执行情况进行评估后再进行融资,主要评估交易的风险、利润率及现金流等。(2)结构性融资只将资产负债表上交易里所拥有的项目(如农产品的流动或储存)作为贷款的保证。(3)结构性融资中通常包括了更多的当事人。在农业价值链中有不同的当事人(投入品供应商、贸易商、加工商、出口商、仓库及运输商)或者一些特殊金融服务的提供者(保理商、担保人或者租赁公司等)。在这个特殊的链条中,当事人之间都是彼此熟悉的,这有助于合同的有效执行从而更利于融资。该融资的主要目的就是在于能够在不同的当事人之间进行风险分担,以便更好地管理风险。(4)结构性融资紧紧地嵌入潜在的商业交易当中。它可以用于价值链的每个特殊阶段(生产、储存、销售、加工、出口、分销或者投入品的进口等），也可以延伸到从生产到出口的所有阶段。贷款的发放和偿还可以由价值链上的每一个当事人来执行，而不仅仅由银行来提供。（5）许多结构性融资安排在价值链的一些阶段建立了自我偿还机制，即资金可以自动从源头上扣除。这种机制特别适用于基于商品流及应收款转让的结构性融资。（6）一个运行良好有效的价值链是利用结构性融资工具的前提保障。①

　　结构性融资的创新模式主要有两大类：其一是供应链金融模式。供应链金融的最大特点是以整条供应链为出发点，第三方物流企业为依托，一方面将资金有效注入处于相对弱势的上游或下游企业，解决中小企业融资难和供应链失衡的问题；另一方面则是金融机构和物流企业融资上下游企业，增强供应链的商业信用，促进中小企业与核心企业建立长期战略协作关系，提升供应链的竞争能力。主要信贷品种有应收账款质押贷款、动产（存货或仓单）质押贷款、应付账款质押贷款、"池"融资业务等等。其二是结构性贸易融资模式。结构性贸易融资通过商业银行把贸易环节连接起来，将不同时点发生的货物流、贸易流和现金流整合在一起。一方面，针对货物流进行现金管理，将企业的现金变为生息资产；另一方面，企业可以以未来的现金流向银行进行抵押融资。随着企业贸易融资需求的日益多元化，结构性贸易融资日渐受到市场的欢迎，并代表了未来贸易融资业务的发展方向，主要融资品种有开立信用证、综合保理、打包贷款、提货担保、银行保函、福费廷、进出口押汇等业务或贸易融资组合等。②

第二节　农业价值链融资的分类

　　农业价值链融资是依托价值链为农户等小微农业生产者提供融资。组成农业价值链的每一个环节都可以实现价值的增值，而这一价值增值的过程离

---

① 宋雅楠：《农业价值链融资特征及国外经验启示》，《中国物价》2012 年第 11 期。
② 何国钦：《基于信誉链的中小企业结构性融资创新》，《上海金融》2009 年第 8 期。

不开相应的金融支持。这就需要以价值链为中心,针对价值链参与主体的价值活动的不同融资需求提供与之相适应的金融供给。金融供给可以由价值链参与主体提供,也可以由外部金融机构等提供。农业价值链融资按照资金来源主体的不同,可以分为价值链内部融资和价值链外部融资两种。

一、农业价值链外部融资

农业价值链外部融资是指金融机构在将农业价值链作为一个整体进行分析和了解的基础上,对农业价值链参与主体提供的资金融通活动。农业价值链融资的基础是从整个农业价值链的角度出发,将价值链参与主体作为一个整体来看待,金融机构通过提供灵活、全面的金融产品和服务进行综合授信,将资金有效注入到农业价值链中,由此促使参与主体建立较为长期稳定的战略协同关系。这种关系的形成既能有效提升农业价值链的竞争力,又能持续解决参与主体面临的融资难问题。

如图 2-1 所示,基于商品交易的价值链上游参与主体可以依托价值链下游参与主体获得外部金融机构的融资支持,这是典型的价值链外部融资。价值链上游参与主体与下游参与主体签订未来交付商品的质量、数量、时间等内容的交易合同,下游参与主体以其自身的信誉等为上游参与主体向银行进行指定用途的贷款担保,以支持上游参与主体的生产经营活动。由此,价值链上游参与主体特别是农户等小微农业生产者通过银行获得所需要的外部资金的支持。如果不加入到价值链中,农户等小微农业生产者难以通过银行获得所需要的外部资金的支持。需要指出的是,价值链下游参与主体可以通过其下下游参与主体的担保获得银行的资金支持,价值链上上游参与主体也可以通过其上游参与主体的担保获得银行的资金支持。

另外,价值链外部融资方式也可以是下游参与主体通过信用、担保或抵押获得银行的融资支持,如图 2-2 所示。银行对价值链下游参与主体的贷款是基于其作为价值链整体的一个组成部分来考虑的,一方面可以通过信用的方

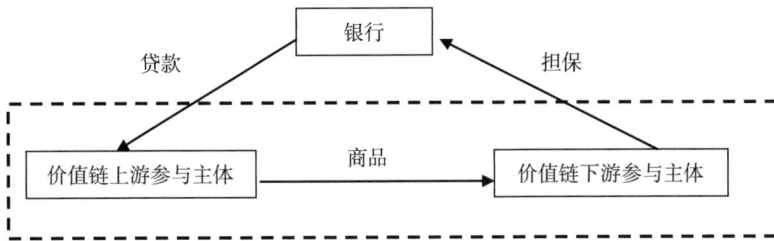

图 2-1　外部融资方式一

式提供,另一方面可以大大降低担保或抵押的要求,从而为下游参与主体提供贷款。需要指出的是,价值链下游参与主体在获得银行的贷款支持实现自身良好发展的情况下,可以对其上游参与主体或下下游参与主体进行内部融资。

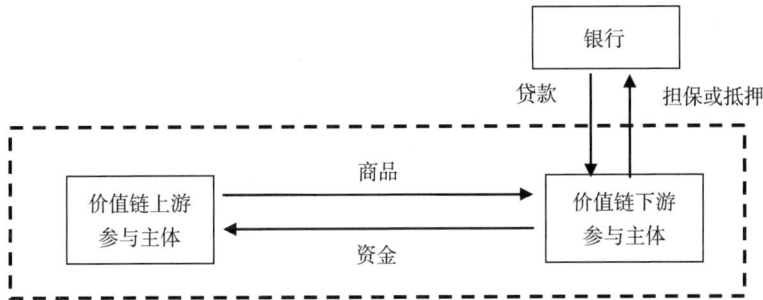

图 2-2　外部融资方式二

　　农业价值链外部融资仍然主要集中在依托既有的金融机构,诸如商业银行、合作银行、信用社等正规金融机构,也包括利用各类非正规金融形式,诸如资金互助社、民间借贷等。现有的和潜在的这些农村金融服务提供者各有自身的优势和劣势,其经营中机会和风险并存。如何依托农业价值链创新金融工具、提高经营水平,直接决定其能否更好参与到农业现代化、产业化中。金融机构根据价值链参与主体之间的交易中形成的链条关系为资金需求主体提供融资,有效地促进了农业价值链的顺畅运行和参与主体的竞争力的提高。这既有助于解决农业价值链参与主体融资难的问题,也有助于促进金融机构自身的发展,从而在金融机构、企业和农户之间构建互利共存、良性互动的持续发展关系。

　　从前文可知,农业价值链外部融资的主要供给主体有商业性金融机构、政策性金融机构、小微型金融机构、非正规金融机构四大类。实际上,从涉农金融机构的规模来看,主要有大型、中型、小型、微型金融机构,这些金融机构大致按照相应的数量比例关系存在,并形成合理的金融组织结构体系,如图 2-3 所示。在金字塔塔尖的大型金融机构数量非常少,塔基微型金融机构则数量较大,处于中间的中型金融机构数量比大型金融机构数量多,但比小型金融机构数量要少。这一金融机构体系图也正与大型、中型、小型、微型涉农企业(农业生产者)的数量有一定的直接对应关系。

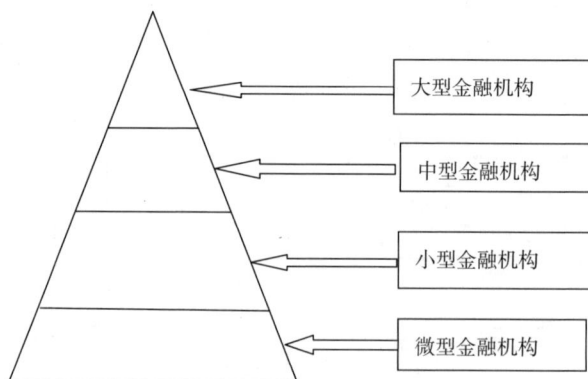

图 2-3　农业价值链外部融资机构体系

二、农业价值链内部融资

　　农业价值链内部融资是指农业价值链上的参与主体之间所发生的赊销、预付订金、租赁等资金融通活动。价值链参与主体作为资金供给主体替代外部金融机构进行融资,但通常要以出售或收购农产品方式来偿还贷款。价值链内部融资植根于买家和供应商都希望扩大市场,并确保或提高产品质量和数量,建立在筛选和监测借款人、执行合同、管理风险和控制成本的业务关系和交易上并采取除现金贷款以外的各种形式。非金融部门参与主体(如加工者、出口商和贸易商)被视为金融服务提供者,也是价值链参与主体中的核心角色。发生在价值链参与主体之间的非正规金融形式(内部融资)不同于金融机构提供融资的形式,其发生频率更高,合作形式更为简单,如投入供应商以信用销售化肥给农户或加工商以预付定金的方式获得农户农产品收购权。

价值链内部融资是在价值链的上下游参与主体之间直接进行的融资。基于商品交易的上游参与主体与下游参与主体之间的赊销或预付款等资金活动形成事实上的融资行为,如图2-4所示。价值链上游参与主体将商品交付给下游参与主体并未同步获得销售款,而是给予一定时间的延期支付,相当于给下游参与主体提供融资支持。价值链下游参与主体提前向上游参与主体交付预付款,确定未来交付商品的质量、数量、时间等,相当于给上游参与主体提供融资支持。当然,预付款不一定是资金形式,也可以是下游参与主体为上游参与主体提供设备、原材料、技术等形式。需要指出的是,价值链下游参与主体与其下下游参与主体之间仍然可能发生这样的内部融资活动,价值链上上游参与主体与其上游参与主体之间也可能发生这样的内部融资活动。

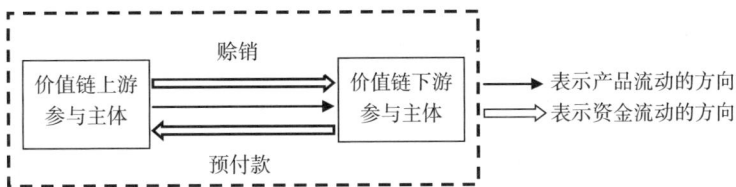

图2-4　内部融资

农业价值链内部融资依托投入品供应商、贸易商、生产者团体和生产者之间关联交易程度高(如赊欠销售投入品和产品的后期购买)的特性,将参与主体金融服务的供应和需求相衔接。这种非正式的制度安排有一些内在的优势,表现在:参与主体之间存在的依赖关系;克服参与主体之间熟悉和信任的信息差距;可以很容易地嵌入还款机制;便利向生产者提供技术援助;在通常情况下,采购商、贸易商和投入供应商是具有较强意愿在农村地区扩大信贷供给的。

农业价值链内部融资不同于外部融资,但仍然面临与外部融资同样的问题。投入供应商或贸易商以现金或实物投入的非正式贷款使农民承诺在收获季节交付产品,他们必须决定借钱给谁(筛选),如何监控其借款人的表现,以及如何成功地获得还款(合同的执行)。内部融资的优势在于依托"双向式通道",通过锁定交易借助金融和产品市场的关系使借贷双方相结合。内部融资的非正式贷方为了实现一种产品市场目标(例如出售其投入品、购买更多农产品等),会向借款人提供信贷,尽管这些稀缺资本可能有其他用途。这种价值链内部融资的非正式贷款人相对于价值链外的正式贷款人具有信息优势,因为他们与借款人的正常合作通过执行信贷职能往往可以将交易成本减少到最低。内部融资的非正式金融交易可以为外部正式金融机构提供价值链参与主体金融服务潜在的信息。通常,成功的非正式金融交易不断进行之后,正式金融机构往往借助非正式金融交易的成功经验,识别未满足的有效需求,设计合适的金融产品和多元化贷款组合,降低贷款成本和可能的风险,以便向价值链参与主体发放贷款。

显然,价值链内部融资和外部融资不是独立割裂开来单独进行的,而是有机衔接起来,形成一个整体促进价值链的发展,进而解决农户等小微农业生产者的资金需求问题。而这也正是农业价值链融资与传统农业融资的最大区别,是农业价值链融资的最大优势。事实上,在传统农业融资中,价值链参与主体作为独立的主体直接向银行申请贷款,除了实力雄厚的大中型农业企业可以顺利地获得资金支持外,绝大多数农户等小微农业企业是难以获得资金支持的,由此出现农业融资难问题。农业价值链融资借助价值链特有的内部运行机制,改变了农户等小微农业生产者在传统农业融资中的尴尬、弱势地位,提升了其获得银行等外部金融机构资金的可能性,特别是能够方便地通过内部融资支持上下游参与主体。

第三节　农业价值链融资的优势及对农业融资的拓展

农业价值链融资作为一种全新的融资方式,之所以受到越来越多的关注,是因为其具有独特的优势,进而拓展了农业融资的方式。①

一、农业价值链融资的优势

众所周知,农业融资之所以难以解决,主要集中在信息不对称、交易成本高、抵押品缺失、农业生产经营微利等几个难点上。而农业价值链融资在一定程度上可以解决这些问题。

(一) 可以有效减少信息不对称

农业价值链参与主体通过价值链将农业生产资料供应、农产品种养生产、加工、深加工和销售等环节连接成为一个系统,各环节的相互紧密协作实现了信息的双向流动,上下游环节的信息能够更多共享。整个农业价值链内部形成了一个信息网络系统,这些信息不仅在内部流动,而且也能够从整体上与外部的金融组织等进行一定程度的共享。特别是能够汇总分散的农户等小微农业生产者的零星化、碎片化的信息。

(二) 可以有效降低交易成本

农户等小微农业生产者在传统的农业生产体系中,直接面对大市场存在巨大的交易成本,诸如信息收集费用、鉴别交易对象费用、契约签订费用等,还面临降标压价、上当受骗等风险。而作为价值链参与主体通过资源整合则有效

---

① 以下内容参见张庆亮:《农业价值链融资:解决农业融资难的新探索》,《财贸研究》2014年第5期。

解决了上述问题,可以降低农产品种养殖成本、加工成本、流通成本等,并注重价值链下游或者上游环节的价值实现,最终达到整个链条价值的更大化,实现各参与主体整体利益最大化。把各参与主体整合成价值链可以真正降低各环节的交易成本,使上、下游环节之间产生的价值合理分配、创造的价值共同分享。

(三) 可以有效弥补抵押品缺失

价值链上的参与主体可以为资金需求者提供资金融通。一方面,基于参与主体之间在价值链上的紧密合作与联系,双方所签订的租赁契约、商品契约等成为金融需求者特别是农户等小微农业生产者获得资金支持的依据,这是以参与主体的信用以及资金供给者对未来生产经营的乐观预期为基础的;另一方面,外部金融机构或相关主体能够为价值链参与主体即金融需求主体提供资金融通。价值链上下游的大中型企业除了以其资产抵押从金融机构获得贷款外,还可以利用与农户等小微农业生产者的租赁契约、商品契约等抵押从金融机构获得贷款,这在一定程度上弥补了抵押品缺失。这些价值链上的大中型企业获得的贷款就可以以商业信用的形式为农户等小微农业生产者提供贷款以及其他融资支持。同时,正规与非正规小微金融组织天然地与农户等小微农业生产者之间会发生借贷关系,其交易几乎不涉及抵押品,更多是信用贷款。总之,农业价值链融资实现了价值链参与主体之间、参与主体与金融机构之间的资金融通,克服了由于抵押品缺失导致的价值链参与主体资金需求无法满足的状况。

(四) 可以有效实现价值增值和分享

农业价值链参与主体可以实现资源的有效整合,产生"1+1>2"的效应,这主要是各参与主体进行了具有比较优势的异质性投资(Idiosyncratic Investments)。[①] 农户等小微农业生产者的生产技能等优势与企业的技术、品牌、网

[①] Wayne D.Purcell and William T.Hudson, "Risk Sharing and Compensation Guides for Managers and Members of Vertical Reef Alliances", *Review of Agriculture Economics*, No.1, 2003.

络等优势相结合,农产品的品质和品牌影响都得以提升,更高的市场交易价格也就能够得到认可,从而使各参与主体都能够从价值链增加的总价值中分得超过各自独立生产经营所得的回报。农业价值链的起点是市场需求,据此配置各种生产要素,组织农产品价值增值活动,提高农产品价值含量,形成由价值链参与主体结成的利益共同体——价值增值链。整条价值链能够获得更多价值增值,并由此使各参与主体获得更多的价值分享,如此各参与主体就有足够的利润来支付融资中发生的各种信用成本。农业价值链延长农业生产的链条,把农业从生产环节拓展到了加工环节、营销环节,通过实现生产要素的优化配置和产业重组来提高附加价值。不同的价值链参与主体(供应商、加工企业和顾客等)通过某种利益纽带将产、加、销等各环节紧密联系起来,结成利益共同体,通过协作共同创造价值,使价值链上的参与主体均能分享整个链条的平均利润。[①]

二、农业价值链融资对农业融资的拓展

农业价值链融资在解决农业融资难方面实现了商业信用与银行信用的结合、正式金融与非正式金融的结合、外源融资与内源融资的结合、现金交易与信用交易的结合,拓展了农业融资的思路和做法。

(一) 商业信用与银行信用的结合

商业信用是企业之间基于商品交易关系而互相提供资金的融通形式。典型的商业信用中包含着买卖行为与借贷行为——两个同时发生的行为。商业信用主要有两类:一是提供商品的赊销、分期付款等的商业信用;二是提供货币的预付定金、预付货款等的商业信用。银行信用是指银行或其他金融机构以货币形态向个人、企事业单位或政府等提供的信用。存款或贷款是最基本

---

①　曹明华:《产品价值链:农业产业化的一个分析视角》,《贵州财经学院学报》2004 年第 5 期。

的形式。银行信用是在商业信用广泛发展的基础上产生发展起来的,突破了商业信用的局限性,并能够创造信用。同时,银行信用的出现使商业信用得到进一步发展。因此,商业信用与银行信用是并存而非替代关系。

农业价值链融资有效地将商业信用和银行信用结合起来,解决了单纯依靠商业信用或银行信用都无法解决的农业融资难问题。通过商业信用,价值链参与主体之间可以实现商品交易,解决商品的销售以及生产需求的满足问题。通过银行信用,信用价值链上的参与主体可以获得金融支持解决资金需求问题。需要指出的是,获得银行信用的大中型农业企业又可以为其他价值链参与主体提供商业信用。同时,获得商业信用的中小参与主体亦可提高其获得银行信用的能力。总之,如何实现两者的有效互动是价值链融资要特别关注的。

（二） 正式金融与非正式金融的结合

正式金融是指受国家法律法规保护和规范,由中央银行、银保监会等政府相关部门监管约束的作为独立的法人存在的各种金融形式,主要包括金融机构与金融市场及其同企业、居民、农民等所从事的各种金融活动。非正式金融是指没有接受任何监管（包括到工商部门注册）、没有作为独立的法人存在的各种金融形式,主要包括个人之间的借贷行为,个人和企业、非营利性组织间的借贷行为,企业之间、企业与非营利性组织之间的借贷行为,以及高利贷、各种合会、私人钱庄等。正式金融与非正式金融的关系主要体现为竞争关系、互补关系、消长关系。正式金融永远也无法代替非正式金融,两者将长期存在。

农业价值链融资有效地将正式金融和非正式金融结合起来:一方面,正式金融机构或非正式金融机构从价值链外部为参与主体提供金融服务,获得金融支持的参与主体还可以为上下游的其他参与主体提供商业信用;另一方面,在价值链参与主体之间也存在一定的非正式金融活动,资金实力雄厚的参与主体可以为上下游的参与主体提供资金融通。因此,通过农业价值链融资能够使得正式金融和非正式金融在各自具有优势的领域发挥作用。

（三）内源融资与外源融资的结合

内源融资是指企业将折旧基金、公积金、留存盈利等内部积累转化为投资的一种融资方式,其对企业的资本形成具有原始性、低成本、自主性和抗风险的特点,是企业成长发展所必不可少的有力支撑。外源融资是指通过银行贷款、发行股票等增加企业负债来获得资金并使之转化为投资的一种融资方式。外源融资主要有银行贷款、发行债券与股票以及融资租赁、商业信用等,可分为直接融资和间接融资。显然,企业通过内源融资和外源融资获得的资金在净收益、融资成本、融资风险、税收等方面都有所不同,对企业行为形成不同的约束。从一定程度上来说,企业的两种融资方式——内源融资与外源融资并重。

农业价值链融资有效地促进了内源融资与外源融资的结合,一方面,价值链参与主体必须不断将留存盈利、折旧和定额负债等转化为投资,内源融资是首选的融资方式,是参与主体资金的重要来源;另一方面,随着生产规模的扩大和技术的进步,单纯依靠内源融资已难以满足价值链参与主体的资金需求,外源融资逐渐成为价值链参与主体获得资金的主要方式。价值链上的主要参与主体(大中型农业企业)可以通过发行债券和股票从金融市场上直接募集资金,解决自身以及其他参与主体的融资问题,保证金融需求得到较好满足;价值链上的各参与主体可以利用作为中介的金融机构获得所需要的贷款,满足自身的金融需求。从逻辑上看,价值链参与主体融资是一个随经济发展由内源融资到外源融资再到内源融资的交替过程。对单个参与主体而言,内源融资与外源融资往往同时进行。

（四）现金交易与信用交易的结合

商品交易是指商品供给者与商品需求者之间进行的商品买卖行为。商品交易的本质是商品产权的交易,即商品的产权由供给者转移到需求者,交易只是形式上的、表面上的,其本质是商品产权的移交。就付款方式来看,商品交易可分为现金交易和信用交易。现金交易是付款和交货同时进行,即"一手交钱,一手交货",当场实现"钱货两讫"的交易,即以现金支付、现货交易为主,不存在借贷关系。信用交易是付款和交货在时间和空间上相分离,实行先交货后付款或者先付款后交货,买卖是完全建立在信用关系基础上的。买卖双方在一定时间内除了商品交换关系之外,实质上又形成了一种债权债务关系,即信用关系。买卖双方按照约定支付货款、交易商品等过程实质上就是一种区别于实物交易和现金交易的交易形式,即信用交易。

农业价值链融资有效实现了现金交易与信用交易的结合。一方面,"一手交钱、一手交货"的现金交易方式仍然在价值链参与主体之间存在,特别是在小微农业企业的经营中;另一方面,信用交易超越了现金交易的范围,能够更好克服由于客观条件的限制导致交易难以发生的困难,使得付款和交货在时间和空间上相分离的建立在信用关系基础上的交易越来越普遍。与此同时,信用交易的发展将进一步促进商品交换和金融工具的发展和创新。

第四节 农业价值链融资的工具

农业价值链融资的工具有不同的分类方法,其中依据融资机制的不同进行的分类在实际中应用较多。表2-2对价值链融资工具进行了梳理,这些融资工具既包括了传统的较为典型的信贷工具,也包括创新的精细设计的工具,不仅适用于小农户,而且也适用于价值链上的农业企业等主体,有效地发挥了稳定价格、防范风险和降低融资成本的作用,能够确保农业价值链参与主体获益。

表 2-2 农产品价值链融资的工具

类型	工具
产品融资	贸易商信贷、投入品供应商信贷、经销公司信贷、核心企业融资等
应收账款融资	应收贸易账款融资、保理、福费廷等
实体资产抵押	仓单质押、回购协议、融资租赁等

续表

类型	工　具
风险规避产品	保险、远期合约、期货等
金融强化工具	证券工具、贷款担保、合资金融等

资料来源:加尔米·米勒、琳达·琼斯著:《农业价值链融资:工具与经验》,曲春红等译,中国农业出版社 2017 年版,第 59—61 页。

可见,农业价值链融资的主要金融工具(金融产品)除了常规的贷款、保险等产品外,还有依托价值链参与主体的预付款、赊销、仓单抵押融资、贸易融资、商品融资等短期流动贷款,以及设备租赁融资等中长期贷款。需要指出的是,有些农业价值链融资工具如贸易商信贷、经销商融资等已经存在数千年,只不过作为价值链融资工具,其进行了相应的创新,更适合农业价值链的发展。当然,基于农业价值链融资的小微农业企业的融资工具选择,主要是考虑基于农业价值链的融资工具创新,这主要体现在:一是对现有的国内外融资实践中采用的较为成熟的融资工具进行改造应用;二是在现有融资工具基础上进行自主创新,设计和研发新型融资工具。本书在总结和借鉴国内外实践经验的基础上,从内部融资工具和外部融资工具两个方面提出以下几种融资工具。

一、农业价值链内部融资的工具

农业价值链内部融资的工具种类繁多,根据不同的农产品或不同地区情况,可以选择不同的融资工具。这里介绍贸易融资、核心企业融资、租赁融资、商品融资等几种典型的融资工具。

(一)贸易融资

贸易融资(Trade Financing)是指商业银行对进出口商提供的与进出口贸易结算相关的基于商品交易(如原油、谷物、金属等)中存货、预付款、应收账款等资产的短期融资。贸易融资是商业银行为从事贸易的企业提供的结算业务、贸易融资业务以及为规避企业利率、汇率风险的衍生产品业务等金融服务的总和。借鉴商业银行在对外贸易中的贸易融资业务的基本做法,贸易融资已经成为农业价值链融资的有效工具。

一般来说,农业价值链视野下的贸易融资是指农业价值链下游的参与主体获得的由其供应商为促进其化肥、农药、种子等生产资料销售的短期融资。如图2-5所示,贸易融资是由供应商向其下游主体提供农业生产所需的各种流动性的生产资料的融资支持,具有融资期限短、数额小的特点。同时,融资流动性好、资本占用较少,有人称这种融资工具为供应方信用。

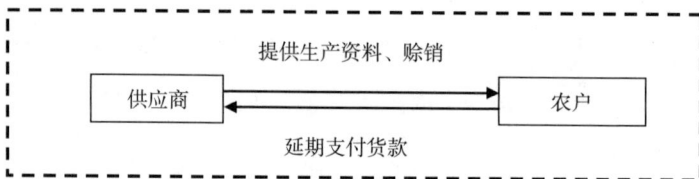

图 2-5　贸易融资

贸易融资对于价值链上的农户和小微农业企业来说,可以克服传统融资工具的不足,更好地满足其融资需求;对于供应商来说,可以扩大产品销售规模,保证利润增长。特别需要关注的是,供应商将生产资料提供给自己熟悉和了解的农户和小微农业企业,保证其生产经营活动的开展,是以农业价值链作为一个整体能够实现价值的增值和分享为基础的。尽管有时供应商采取低利率,甚至零利率,但是由于资信调查和资金回收成本较低,仍然能够获得相应的收益。供应商凭借自身的优势在金融市场上进行融资作为资金来源,保证贸易融资可持续进行。价值链上的农户、小微农业企业与供应商之间形成了特定供需关系和链条,而连接这个关系和链条的是信用,包括商业信用和银行信用。

贸易融资中最典型的是传统的赊销。通常来说,赊销(Open Account)是卖方先交付货物而延期收款的销售方式,是以商业信用为基础的赊欠销售方式。卖方与买方签订购货合同后,卖方将货物让渡给买方,而买方按照合同在规定日期支付货款或以分期付款方式付清货款。在农业价值链融资中,赊销就是农产品生产的投入品供应商向农户或小规模生产者提供投入品,这些货款在未来农产品销售后再向供应商支付,相当于农户或小规模生产者获得了投入品供应商所给予的贷款支持,并且不用支付利息。

(二) 核心企业融资

核心企业融资(Core Enterprise Financing)是指农业价值链核心企业向链上的参与主体提供资金融通或赊销、预付款等资金支持活动。核心企业在这个价值链系统中不仅要发挥协调生产和组织销售的作用,还要确保实现农产品价值增值,确保价值链所有参与主体获得应有的回报。核心企业一般是由大型加工商、经销商、出口商、零售商等充当,作为价值链的驱动者,其不仅能够确保生产资料的销售量、提升农产品生产标准等,而且可以直接或间接地为缺乏资金的价值链参与主体提供资金支持或生产资料供应。与此同时,核心企业也可以利用同金融机构的特定联系,通过金融机构作为第三方向缺乏资金的参与主体提供资金。显然,核心企业融资更多是一种短期融资,其主要是在农产品生产周期内为其提供资金或供应投入品,解决了农户等小微生产者的投入需求,保证其能够开展正常的生产经营活动。

一般来说,核心企业具有很强的经济实力,在整个价值链系统中发挥着举足轻重的作用。一定程度上可以说,一条农业价值链的发展水平几乎完全取决于核心企业的能力和水平。核心企业不仅能够为参与主体提供合适的融资服务,而且还能提供诸如技术支持、市场保障、价格稳定、物流、仓储等服务,也就是说,核心企业所提供的是一揽子的"服务包",不是单一的服务。当然,在这个一揽子的"服务包"中,融资仍然具有极为重要的地位,因此,核心企业"服务包"还是被视为一种融资工具——核心企业融资。如图2-6所示,核心企业向农户等小微生产者提供贷款或供应投入品。当然,这是最简单的核心企业融资,是价值链内部融资。如果核心企业的下游是包括消费者在内的其他参与主体,核心企业也可以为他们提供价值链内部融资。

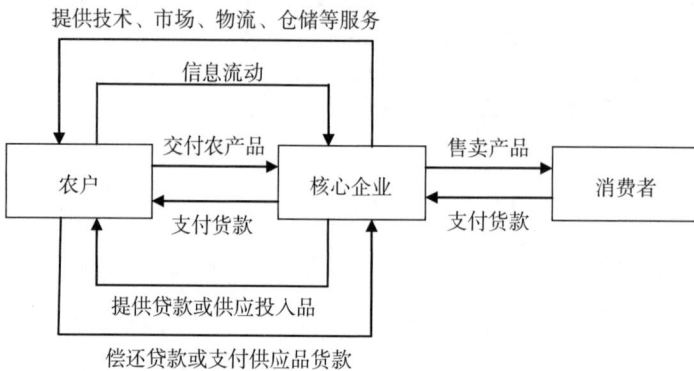

图 2-6　核心企业融资

（三）租赁融资

　　租赁融资(Financing Lease)是指农业价值链参与主体作为承租方向租赁方租赁农业生产、加工设备等所形成的双方间的资金流通活动。租赁融资作为一种有效的融资工具,可以发挥与银行借贷一样的作用,以融物的形式实现融资。价值链参与主体不需要再向金融机构贷款购买设备,而是相当于获得贷款后再购买设备,其后再逐步偿还贷款本金和利息。租赁融资实质上是一种信贷关系,是通过承租方融入实体物资设备的形式达到融资的目的,承租方需要分期支付租金。如图 2-7 和图 2-8 所示,租赁方可以是价值链内外的大中型企业,开展灌溉设施、拖拉机、收割机等租赁业务;也可以是金融机构或者专门成立的租赁公司,开展播种机、收割机、农业生产设施、大型加工机器设备等租赁业务。这种方式有效缓解了价值链参与主体资金投入不足的问题,主要是针对有需求却没有充足的资金购买生产所需的设备而设计的,解决了当期农业生产资本的集中大量投入问题。在交易活动中,租赁方与承租方应签订租赁合同。由于租赁方具有租赁物的所有权,依照合同约定将租赁物使用权让渡给承租人,从而获得租赁费。租赁方对承租方的审查更注重其未来盈利能力,确保租赁能够持续进行。需要指出的是,租赁合同的期限一般比较长,合同期间租赁物使用中发生的维修管理费等均由承租方承担。一般来说,在租赁合同结束时,往往由承租方按照租赁合同约定价格购买该租赁物,并向租赁方支付剩余款项。

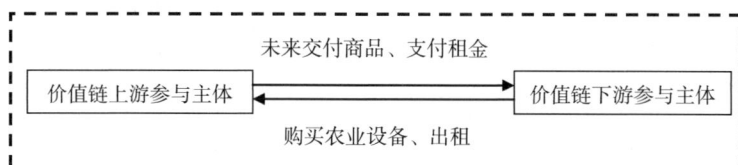

图 2-7　融资租赁:内部融资

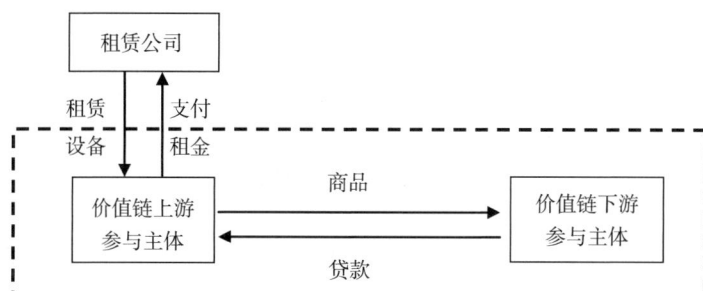

图 2-8　融资租赁:外部融资

(四) 商品融资

商品融资(Commodity Financing)是指商业银行委托第三方监管人对借款人(尤其是中小企业)合法拥有的储备物、存货或交易应收的商品进行监管,以商品作为质押,以商品价值作为首要还款保障而进行的结构性短期融资业务(不包括期货交易所标准仓单质押融资)。借用这一概念,这里的商品融资是指农业价值链上的农产品需求者(加工商、批发商、零售商等)与农户等小微型农产品供给者签订农产品购销合约,由此在双方之间所引发的预付款等资金融资活动。如图 2-9 所示,这些融资活动主要表现在农产品需求者向农产品生产者提供生产所需要的资金或者生产原料,诸如农作物种子、技术指导等。对农产品供给者来说,提前获得预付款购买生产所需的原料和设备等,同时通过所签订的商品合约在规定的时间和地点向农产品需求者提供相应数量和质量的农产品,这既保证农产品及时销售,又有效规避市场风险,能够获得更高收益。对于农产品需求者来说,提前获得预期数量和质量的农产品,保证后续生产经营活动的持续进行,同时降低市场风险和减少交易成本,提高市场竞争能力,获取更高收益。总之,商品融资这种融资工具的内在机制设计既兼顾了农产品需求者和供给者的资金实力,又将农产品需求者与农产品供给者的需求对接起来,通过合约实现"双赢"甚至"多赢"。

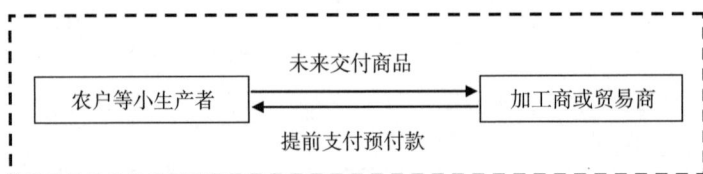

图 2-9　商品融资

商品融资方式是以订单农业为基础。所谓订单农业(Contract Farming),又称合同农业、契约农业等。订单农业是指农户等小生产者与加工者等大中型企业在农产品生产之前,签订具有法律效力的产销合同。在订单农业中小生产者按照订单组织生产,加工者、贸易商等大中型企业按合同收购农产品,确保生产和销售能够有效对接。订单农业中存在的互联交易,是建立在商业信用基础上的,小生产者与大中型企业同时在两个市场进行交易,两个交易是互联的,且交易条件是共同决定的。订单农业的实质是一种远期农产品销售合约交易,是一种期货贸易,所以也叫期货农业。即在农产品生产前就未来收购数量、质量和最低保护价以及双方享有相应的权利、义务和约束力进行界定。订单以合同、契约的形式引导小生产者按照未来市场需求进行生产,按事先所确定的价格等约定进行交割,消除了农产品销售的各种不确定性。而大中型企业利用对小生产者的资金放贷,可以要求这些小生产者按照企业的需求组织农产品生产,并将所生产的农产品全部销售给企业。

订单农业的实施中常常涉及定金问题。定金(Earnest Money)是一个规范的法律概念,是指为保证合同的履行,加工商等企业预先向农户等小生产者支付一定数额钱款的担保方式,又称保证金。定金具有双重担保性,担保合同双方当事人的债权。一般来说,农户等小生产者与企业在合同中对定金数额和交付期限进行约定,企业交付定金后如不履行义务,则无权要求小生产者返还定金;而收受定金的小生产者如不履行义务,则应向企业双倍返还定金。如果双方都能够履行合同,定金就作为农产品货款的一部分进行抵扣。①

二、农业价值链外部融资的工具

农业价值链外部融资的工具随着商业银行等金融机构的创新而不断发展,逐步应用于农业价值链融资中。这里介绍仓单融资、应收账款融资、采购订单融资、农业信贷票据等几种典型的融资工具。

(一) 仓单融资

仓单融资(Warehouse Receipt Financing)又称为"仓单质押融资",是指企业将其拥有完全所有权的货物存放在商业银行指定的第三方物流企业的仓库,并以第三方物流企业出具的货物仓储凭证仓单在商业银行进行质押担保,商业银行依据质押仓单的货物价值向企业提供用于经营与仓单货物同类商品的专项贸易的短期融资业务。如图 2-10 所示,仓单融资的核心在于企业以在库动产(原材料、半成品或产成品)作为质押物向银行申请贷款,第三方物流企业受银行委托提供代理监管服务,对质押物进行库存监管。仓单融资作为一种新兴的融资业务模式,是金融与物流合作的金融创新产品,具有贷款期限短、周转快、风险低、质押物易变现等特点。仓单融资通过第三方物流企业的介入在一定程度上解决了中小企业融资难的问题,第三方物流企业架起了

---

① 需要注意的是,定金与订金不同。订金目前我国法律没有明确规定,它不具备定金所具有的担保性质,可视为"预付款",一般情况下可以退还。

商业银行与企业之间资金融通的桥梁。

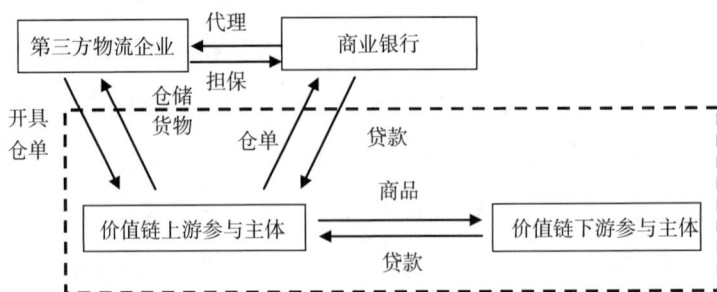

图 2-10　仓单融资

一般来说,生产或销售季节性很强的农产品的农业价值链参与主体更倾向于运用仓单融资,这是由农业产业发展的季节性所决定的。在生产或收购季节需要大量投入或购货,资金的需求量很大,利用仓单融资能比较容易地解决流动资金不足的问题,在销售旺季,再进行资金回笼还贷。在农业价值链融资中开展仓单融资业务,第三方物流企业以商业银行代理人和价值链参与主体担保人的双重身份参与其中,可以有效地减少商业银行和参与主体之间的不对称信息,确保商业银行与参与主体之间贷款合同的有效履行,缓解商业银行和价值链参与主体间的资金供需矛盾。仓单融资既可以为价值链参与主体融资提供便利途径,又能保证商业银行贷款的安全性,还能拓展第三方物流企业的服务功能,实现了"一举三得"。

农业价值链参与主体之所以能够借用仓单融资来解决融资需求,是因为农业价值链的发展使得参与主体的生产经营活动得到顺利进行,诸如农产品的生产按照市场需求进行,农产品生产先进技术得到应用,农产品生产加工标准化得以实现,农业生产经营的效益有稳定预期等等,这就为第三方物流企业的服务活动提供了空间。商业银行以物权凭证——仓单为保障进行质押贷款,可以有效控制贷款风险。作为中立、公正的第三方物流企业,必须履行好监管职责,保障农产品的质量和数量。有资金需求的参与主体的还款要有明确的收入作为保障,这主要是农产品的销售收入,甚至是各种风险发生后的农业保险补偿收入。

狄盖尔(Digal,2009)分析了菲律宾的一个仓单融资案例。菲律宾农村信贷担保公司主要为水果、肉类、家禽、水产品等价值链参与主体提供信贷支持,采用的是仓单融资方式。如图 2-11 所示,农户与农产品加工商签订准备交易的商品确认单据(CAR)合同,以此作为向农村信贷担保公司申请贷款的依据,申请经批准后,加工商从农村信贷担保公司购买与预期农产品相对应的商品确认单据。农户交付农产品时,加工商向农户提供商品确认单据证明,农户将证明提交给农村信贷担保公司获得融资,同时,该贷款直接记在加工商名下。而加工商以农产品加工销售后的收入偿还农村信贷担保公司的贷款。显然,这种仓单融资工具不仅满足了农户的当期融资需求,而且也为加工商提供了额外的经营资金支持。

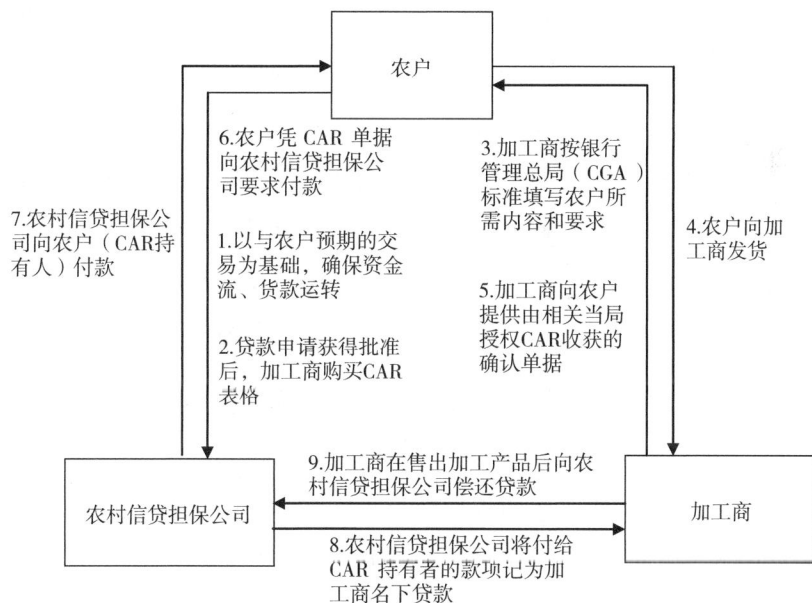

图 2-11 菲律宾的仓单融资

资料来源:加尔米·米勒、琳达·琼斯著:《农业价值链融资:工具与经验》,曲春红等译,中国农业出版社 2017 年版,第 77 页。

（二） 应收账款融资

应收账款融资（Accounts Receivable Financing），也称发票融资，是指企业（债权人）以自己的应收账款作为质押，向商业银行或者其他企业申请贷款或其他融资形式，以解决企业临时性的资金短缺，加快资金的周转，满足企业生产经营的需要。商业银行的贷款额一般为企业应收账款面值的50%—80%，企业将应收账款转让给银行后，应向买方发出转让通知，并要求其付款至融资银行。一般来说，应收账款融资是集财务管理、结算、融资和风险担保于一体的综合性金融服务。这种融资方式对于中小企业来说，可以以应收账款作为抵押获得银行等债权人的信任，这能使企业更好地用活应收账款资源，解决发展中的资金需求难以满足的问题。通常情况下，绝大多数企业都会有一定的应收账款，因此应收账款质押融资具有普遍的适用性。应收账款质押授信额度期限最长一年，一般企业应收账款的回款周期不应超过3个月，部分特殊行业单笔业务期限原则上不超过6个月。应收账款融资的优势是明显的：无须额外的抵押或担保条件即可获得融资，企业既可获得资金又不增加负债；以应收账款作为担保品，能以较低的利率获取贷款；融资时间短、效率高等等。企业（债权人）以其合法拥有的普通应收账款为质押担保，向商业银行提出办理贸易融资、流动资金贷款、开立银行承兑汇票等短期授信业务，以解决短期资金紧缺问题。利用应收账款融资主要有三种方式，即以应收账款为抵押借款、应收账款保理业务（又称为应收账款让售，是指把应收账款打包卖给商业银行、财务公司和其他金融机构）和应收账款证券化融资。

在应收账款融资模式中，价值链参与主体以下游企业延迟支付的应收账款作为信用凭证，向价值链外部的金融机构提出抵押贷款，以获得资金用于组织农产品生产、加工等。这种融资模式充分发挥了应收账款的作用，解决了农业价值链参与主体面临的资金约束，确保参与主体能够按照购销合同组织生产、交付农产品，实现价值链可持续良性运行。如图2-12所示，农业价值链参与主体可以利用应收账款融资解决资金短缺问题,这种融资方式可以使得价值链参与主体获得更为理想的资本结构、提高偿债能力、降低融资成本等等。就应收账款抵押融资而言,价值链参与主体以其应收账款的债权作为抵押,按照约定从商业银行、信贷公司等机构获得贷款。作为抵押贷款的应收账款,既可以由借款人收取,也可以由贷款人收取。就应收账款证券化融资而言,价值链参与主体将应收账款汇集后出售给专门从事资产证券化的特设信托机构(Special Purpose Vehicle,SPV)获得资金。SPV 是资产证券化的关键性主体,已出售的应收账款是一种真实的权属让渡,注入 SPV 的资产池,不得追索该资产。SPV 对应收账款进行重组、整合并以其为基础向国内外资本市场发行有价证券,该证券的发行价格由应收账款的信用等级、质量等多种因素所决定。需要指出的是,SPV 不仅通过一系列专业手段解决了融资难问题,而且通过风险隔离降低了证券交易中的风险。这种融资方式通常成本较低并可享受更为专业化的融资服务。

就应收账款让售融资而言,保理业务是指价值链参与主体把由于赊销而形成的应收账款按照约定条件转让给商业银行等金融机构,由商业银行等金融机构为企业提供融资,并负责管理、催收应收账款和坏账担保等业务。

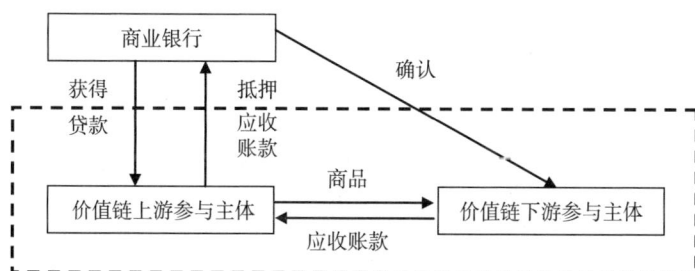

图 2-12　应收账款融资

保理业务(Factoring)是一种集应收账款管理、商业资信调查、贸易融资及信用风险担保于一体的新兴综合性金融服务。在国际贸易中就经常采用保理业务,主要是由出口商(卖方)将其应收账款打包出售给保理商,从而由保理商负责催收应收账款的一种金融服务。保理业务包括:有追索权的保理和无追索权的保理;明保理和暗保理;折扣保理和到期保理。如图 2-13 所示,保理融资的参与主体主要是卖方、买方和作为保理商的专业金融公司。买方购买卖方的商品而不能支付货款形成赊销,卖方将因商品赊销而产生的应收账款发票出售给保理商,从而获得一定比例的预付款。买方收到保理通告必须承诺向保理商支付应收账款。账单到期后买方按发票金额支付给保理商,保理商跟卖方进行最终结算,这为货款不足的企业进行交易提供了资金支持。事实上,农业保理不仅可以提供融资服务,而且还可以提供货款催收以及买方信用评估等方面的服务。因此,保理业务作为农业价值链融资中的一种重要工具,其发展空间巨大。

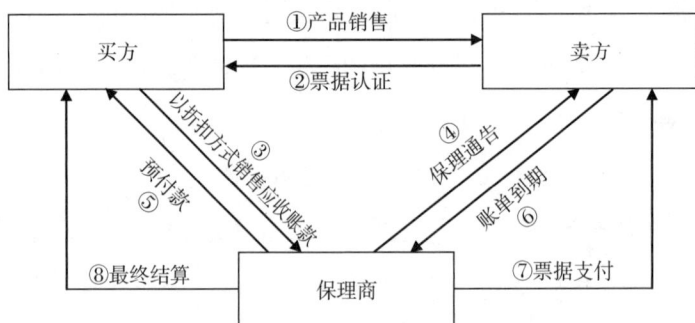

图 2-13　保理融资

资料来源:加尔米·米勒、琳达·琼斯著:《农业价值链融资:工具与经验》,曲春红等译,中国农业出版社 2017 年版,第 72 页。

福费廷融资(Forfeiting Financing)是应收账款让售融资的一种重要工具。在农业价值链融资中,福费廷融资是价值链参与主体以已经承兑、担保的远期票据向商业银行和福费廷公司申请贴现获得融资,或者说是商业银行或福费廷公司以无追索权的方式为价值链参与主体贴现远期票据提供资金。远期票据(包括远期汇票和本票)是福费廷融资运行的基础,贴现银行或福费廷公司对贴现申请人无追索权。一般来说,福费廷融资的期限比较长,金融服务比较单一,无连续性。

（三）采购订单融资

采购订单融资（Purchase Order Finance,POF）是指企业在与银行认可的买方企业签订有效采购订单后,向银行申请专项贷款,用于购买订单项下产品生产所需原材料,并以产品销售货款偿还贷款的融资。采购订单融资是基于订单的全封闭式贷款业务,以有效销售订单为依据,实行"一单一贷、专款专用、回款结算"的封闭性运行,具有及时、简便、循环使用、效率优先等灵活性优势。采购订单融资突破了传统的抵押担保方式,中小企业接受订单和迅速组织货源的能力显著提高,用较少的自有资金实现了正常的生产和销售,提高了资金使用效率,增加了盈利的空间。这一融资工具最初主要应用在国际贸易中的订单融资(是指商业银行为支持国际贸易项下出口商和国内贸易项下供货商备货出运,应卖方的申请,根据签订的贸易合同或采购订单(统称"订单"),向其提供用于订单项下货物采购、生产和装运所需流动资金的一种贷款)。采购订单融资作为一种短期贷款工具,原则上单笔采购订单融资金额最低不低于订单实有金额的30%、最高不得超过订单实有金额的90%;融资期限根据订单规定的履约交货期限合理确定,融资到期日以双方合同约定的交货日延期30天以内为限,且融资期限最长不超过180天。采购订单融资是贸易融资的具体形式,通过生产一种产品后销售或将贸易商品转售以填补确认订单。

农业价值链参与主体中的大部分中小企业,往往在生产经营活动中受到资金短缺的制约。采购订单融资已经成为一种降低中小企业融资门槛的重要价值链融资工具。如图2-14所示,商业银行推出该项业务,中小企业等价值链参与主体可以凭借采购订单获得购买原材料、生产商品、包装储运等所需的资金。一旦按照订单交付商品,所获得货款直接偿付贷款本息。当然,采购订单融资也面临一定的风险,这就需要对订单审查、资金用途跟踪、现金流监测等方面加强管理,实现商业银行与企业双赢。为降低采购订单融资的风险,商业银行必须和农业价值链参与主体合作,对采购订单进行全过程控制。由于农业价值链参与主体与上下游企业之间存在商品流、信息流、资金流等持续稳定的经济活动,这些都有效缓解了商业银行提供融资时面临的信息不对称等问题,因而为商业银行向价值链参与主体提供采购、生产、销售等的融资支持提供了可能。可见,发展采购订单融资能够有效解决农业价值链参与主体融资难问题。同时,也能够在一定程度上保障贷款安全,使银行等金融机构愿意为价值链参与主体提供融资支持。总之,采购订单融资是解决农业价值链参与主体融资难的一种有效融资工具。

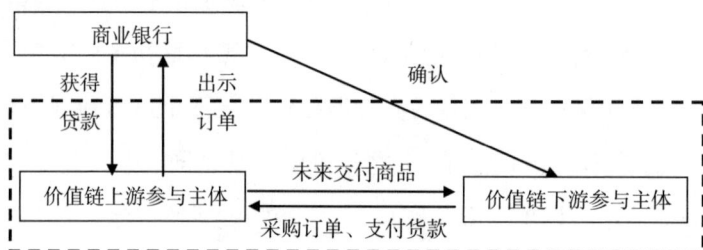

图 2-14 采购订单融资

(四) 农业信贷票据

风险规避产品是农业价值链融资中抵消风险的有效融资工具。根据管控产品和价格风险的不同,有保险、贷款担保、期货交易、远期合同等融资工具。远期合同(Forward Contracts)是指交易双方约定在未来的某一确定时间,按照某一确定的价格买卖一定数量的某种实物商品或者金融资产的合约。在合约中双方要约定交易的标的物、"交割价格"(Delivery Price)、交割结算的日期等内容。远期合约是一种最为简单的衍生金融工具。农产品远期合同指买方或卖方约定在未来的某一确定时间,以确定的价格买卖一定数量和质量的某种农产品的合约。巴西政府创造性地开发了一个成功的农产品远期合同方案——农业信贷票据,具有一定的典型意义。

　　农业信贷票据(Cedula de Produto Rural, CPR)作为一种创新性的农业融资工具,在1994年由巴西银行牵头,期货交易所、银行、保险等金融机构参与设计。CPR是一种运用于价值链的金融资产,能够为农户、小生产者及农业企业提供便利的信贷服务。显然,CPR是一种带有远期合约功能的非标准化农产品融资合约,农户可以在农作物种植过程中的任意阶段发行CPR,承诺在未来某一确定时间和地点以某一价格交付约定数量和质量的产品,能以农产品预期产量为担保得到相应金额的融资。由此,CPR不仅是防止价格下跌的一种保护手段,而且是获得融资支持的主要工具。同时,CPR作为一种债券,其交易受到法律的严格保护,这既降低了买家的风险,也对发行人提出了明确的履约要求和严厉的违约处罚。即使出现了违约情况,作为债券也能够在庭外进行快速处理,减少了道德风险,也加快了贷款回收速度。

　　从图2-15可知,农户向贸易公司发行CPR,由商业银行对CPR进行担保,贸易公司获得商业银行贷款,而后贸易公司再以未来收获农产品的数量及其价格决定的相应资金借款给农户。当农户收获农产品后交付给贸易公司,贸易公司用仓单抵押向商业银行赎回CPR,继续持有商业银行贷款,而后贸易公司将CPR返还给农户,贸易公司用持有的农产品在市场销售后取得的货款,偿还银行贷款。[①]

　　从前面的分析中,可以看到农业价值链融资工具是多种多样的。在农业价值链融资的实际运行过程中,一般不是采用单一的融资工具,而是组合使用多种融资工具,将内部融资工具与外部融资工具结合起来,发挥不同融资工具的优势,实现农业价值链融资的高效运行。与此同时,哪种融资工具更适用,往往取决于农业价值链融资过程中的主导者或驱动者——核心企业、商业型金融机构、农业中介组织等。拉美金融服务集团(LAFISE)主导的农业价值链融资在运行中即采用了多种融资工具。

　　[①]　鲍丹、谢安、田梦:《国外农产品担保贷款政策对我国的启示》,《期货日报》2015年8月12日。

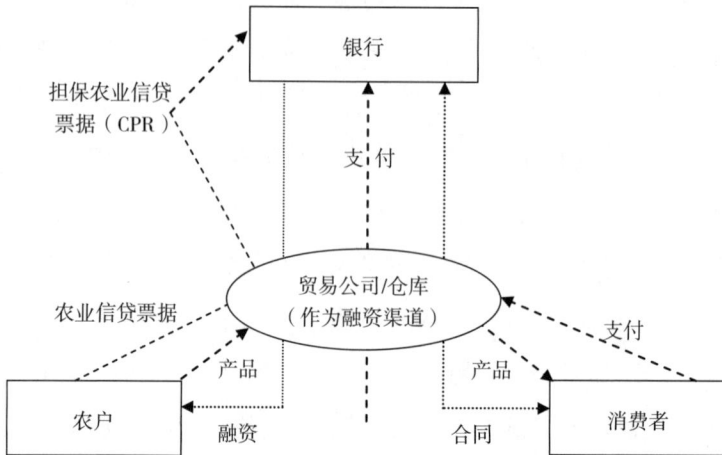

注：农民签署CPR（一种对远期作物的担保），以个人抵押品和（或）土地做担保，资助作物生产。

贸易公司得到CPR后，以一定的贴现率借款给农户。

贸易公司将CPR抵押给银行后获得贷款。

贸易公司用仓单赎回CPR，继续持有银行贷款。

当作物收获时，农民将其交付给贸易公司，贸易公司返回CPR。

银行按需进行抵押审核。

贸易公司向市场销售产品后向银行偿还贷款。

资料来源：加尔米·米勒、琳达·琼斯著：《农业价值链融资：工具与经验》，曲春红等译，中国农业出版社2017年版，第88页。

图2-15　巴西农村票据融资

　　拉美金融服务集团1991年在尼加拉瓜成立，由农业部门（Agropecuaria LAFISE）、库存和商品管理（Almacenadora LAFISE）、保险（Seguros LAFISE）、LAFISE贸易四家相关公司组成，拥有拉丁美洲和美国等10个国家的银行和金融服务机构组建的中央银行（Bancentro）网络。拉美金融服务集团面对尼加拉瓜小农户或小规模生产者的分散生产、产品质量不稳定、难以精深加工、价格随意波动尤其是融资低效率、高成本导致的需求难以满足等问题，运用价值链提高小农户或小规模生产者的组织化成为一种有效选择。拉美农业金融服务集团已经成为乳制品、蜂蜜、咖啡、豆类等价值链的主导者，作为生产者的发起者、组织者和协调者，能够为农业价值链参与主体提供良好的技术、市场、融资、加工、仓储、物流等多样化服务,特别是能够满足小农户的融资需求。从图2-16可以看出,除了为农业价值链提供技术支持、商品管理和仓储、营销服务等以外,拉美金融服务集团还为农业价值链提供贷款担保、融资租赁、产品融资、仓单融资、保理、保险、信托基金管理等一系列金融产品和服务。显然,在农业价值链融资中有机结合使用各种融资工具,为价值链参与主体提供多元化的金融服务,是提高价值链发展能力和运营效率的必然选择。

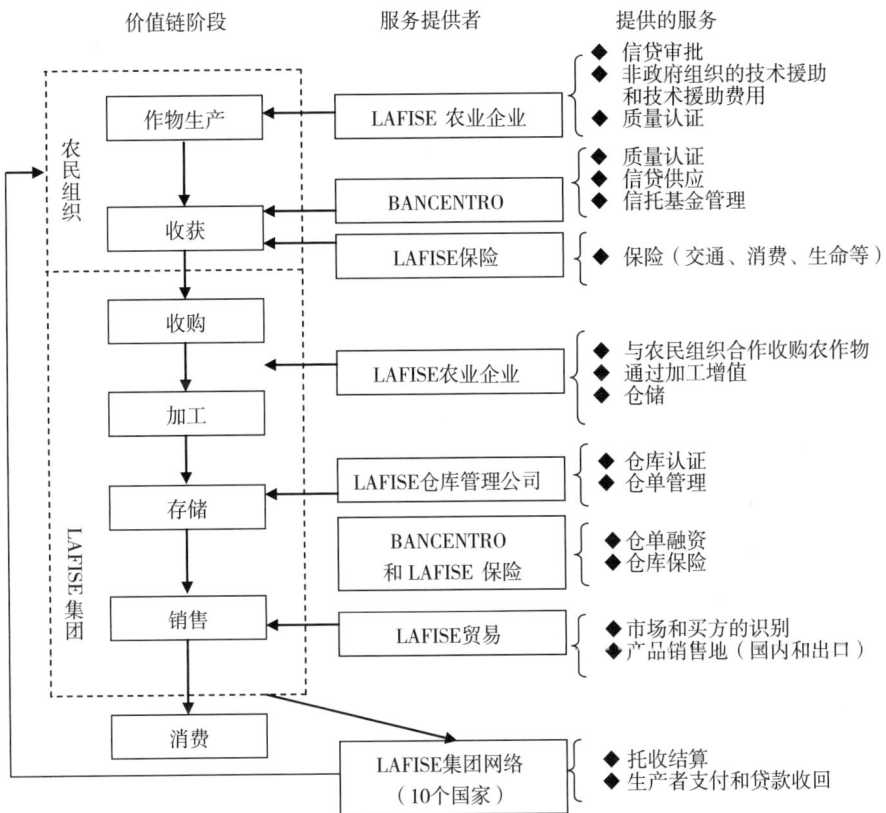

图2-16 拉美金融服务(LAFISE)集团一体化服务

资料来源:加尔米·米勒、琳达·琼斯著:《农业价值链融资:工具与经验》,曲春红等译,中国农业出版社2017年版,第108页。

　　需要指出的是,农业价值链融资的工具也会随着各个国家国情的不同、农产品价值链的不同以及金融工具的创新和信息技术的应用而不断创新发展。在不同的环境中,需要结合具体的农产品价值链参与主体的实际情况创新性地发展适用的融资工具。

第三章　农业价值链融资的
信用成本分析

农业价值链融资之所以能够有效运行,是因为其信用成本得到了很好地降低。从信用成本的角度对农业价值链融资进行研究,需要对农业价值链融资降低信用成本的机理进行分析。最重要的是农业价值链融资的信用成本如何构成? 包括哪些方面? 影响农业价值链融资的信用成本都有哪些因素? 这些问题需要给出明确的解释和说明。

第一节　农业价值链融资的机理分析

众所周知,现代农业的发展催生了农业价值链,农业价值链的出现又促进了现代农业的一体化发展。农业价值链直接面对终端市场,以终端市场的需求为起点,也就是说,价值链参与主体在充分调研和研究市场需求的基础上,预测未来一段时间市场对产品的需求数量、价格等信息,并将这些信息进行逆向传递,直至传递给农户等小微农业生产者。这样,小微农业生产者就可以按照这些信息组织农产品生产,保证生产出来的农产品能够顺利进入价值链的下游环节,并最终能够很好满足消费需求。由于小微农业生产者被纳入农业价值链体系,其生产经营活动与没有加入到农业价值链的时候大为不同。显然,小微农业生产者与农业价值链紧密联系在一起,其行为就必须符合价值链的要求。种子、肥料、生产设备等的供应,以及播种、施肥、浇灌、除草、收割、包装、初加工等活动,都由统一的农业社会化服务组织来提供。这就保证了农产品生产的标准化和农产品的质量,为价值链下游企业的生产经营活动提供合格的原材料,并能保证价值增值。在此过程中,小微农业生产者分享价值增值,实现自身利益的最大化。之后,按照同样的逻辑,小微农业生产者进入新一轮的农产品生产中。显然,在这一过程中,农业价值链的存在保证了小微农业生产者能够按照市场需求组织农产品的生产,并经过加工、营销等环节,满足消费者需求,避免小微农业生产者生产出来的农产品销售不出去,无法获得应得的利润。事实上,农户等小微农业生产者在传统的农业生产体系中,直接面对大市场存在巨大的交易成本,诸如收集信息费用、鉴别交易对象费用、契约签订费用等,还面临降标压价、上当受骗等风险。而作为价值链参与主体通过资源整合则有效解决了上述问题,不仅可以降低各环节的交易成本,而且可以降低农产品种养殖成本、加工成本、流通成本等,特别是把各参与主体纳入价值链,使价值链下游或者上游参与主体能够实现更多价值增值,更好实现参与主体之间的价值合理分配和增值同享,最终达到整个链条价值的更大化,实现各参与主体整体利益最大化。这样,作为市场弱者的小微农业生产者就能够及时偿还因农产品生产而产生的贷款本息。因此,资金供给者在面向小微农业生产者提供贷款时就可以消除更多的后顾之忧。

下面笔者以农业价值链上的小微农业生产者的典型代表农户为例,分析其在生产经营活动中的资金需求及其来源情况。农户在播种阶段需要种子、农膜、生产工具等生产资料;在生长阶段需要化肥、农药等生产资料以及施肥(药)、浇灌、除草等;在收获阶段需要收割、包装、初加工等。所有这些活动需要相应的资金投入,如果农户自有资金不足,就需要借入资金。这些资金的来源渠道主要有正规金融机构借贷和非正规金融借贷。一般来说,正规金融机构主要有各类大中型金融机构,其难以直接面对单一的、独立的小微农业生产者发放贷款。非正规金融主要有亲朋好友的借贷、各类非金融机构的借贷等。我国农村资金互助社、农村信用社不够发达,其在农户借贷资金来源中并不占有优势地位,这主要是因为小微农业生产者融资受到了信息不对称、交易成本高、抵押品缺失、农业生产经营微利等的制约。而农业价值链融资则在一定程度上解决了上述问题,使得作为价值链参与主体的小微农业生产者可以更容易地获得正规金融和非正规金融的借贷。与此同时,作为非金融机构的价值链参与主体也成为提供资金的重要主体,一方面,其直接利用自有资金向小微农业生产者提供预付款等资金借贷;另一方面,其可以将自己获得的正规金融机构的贷款以赊销、预付款等形式借贷给小微农业生产者,而小微农业生产者在农产品销售后可以将借贷本息偿还给价值链参与主体。需要注意的是,农业价值链参与主体为小微农业生产者提供资金融通,要求小微农业生产者要在指定的银行开设专门的账户,并且价值链参与主体、银行、小微农业生产者之间签订相应的协议,保证小微农业生产者的收入必须优先用于偿还贷款本息,由此避免借贷风险。同样,小微农业生产者在播种阶段、生长阶段、收获阶段所使用的各种生产资料、各类社会化服务,也可以通过类似的方式进行资金融通。这就进一步减少了小微农业生产者对自有资金的需求,并解决了其生产经营活动所面临的资金短缺问题。需要指出的是,农业价值链上的资金供给者不是面临唯一的一家小微农业生产者,而是数量众多的小微农业生产者。正是由于众多的小微农业生产者的存在才能保证农业价值链融资的正常运作。

小微农业生产者作为农业价值链上的一个节点,其与农业价值链中的其他参与主体之间形成了一种相互依存、密切相关的互利关系。农业价值链涵盖了从供应商到最终消费者之间有关最终产品或服务的形成和交付的一切业务活动。作为其中一个节点的小微农业生产者,被纳入到农业价值链中,其生产经营行为发生了重大变化,生产资料的供应、生产中的服务需求、产品初加工以及销售等环节,都主要依靠价值链上下游的参与主体,这些参与主体不仅能够为小微农业生产者提供生产资料、社会服务等产品或服务,而且能够形成精确的信息。这些在价值链参与主体之间的信息流恰恰能够解决小微农业生产者与资金供给者之间的信息不对称问题,大大降低了资金供给者搜集信息的交易成本。特别是小微农业生产者与价值链其他节点组织的交易活动,往往是持续、稳定的长期合作,其交易活动的产品或资金往来在一定程度上可以充当抵押品,使得向小微农业生产者提供资金融通的风险大大降低。小微农业企业参与到农业价值链中,其生产经营活动发生了重大变化,由原来无法预期变得较为确定,大大提升了其声誉。总之,小微农业生产者可以获得由于农业价值链的存在所形成的竞争优势,这种优势来源于价值链通过资源整合后所产生的协同效应,保证了价值链参与主体生产经营成本不断降低,参与主体可以获得更多的利润和价值增值及其分享。

显然,从农业价值链的角度来研究小微农业生产者融资问题,突破了传统思路和视角下对小微农业生产者融资问题的解决仅仅停留在小微农业企业自身上,即主要关注小微农业生产者的资产、偿债能力、经营状况等方面,忽视了小微农业生产者自身的信用、还款能力等方面的问题。而农业价值链融资则是将小微农业生产者放在农业价值链网络体系中来考察其还款能力、信用等。事实上,正是因为农业价值链的存在,才保证了小微农业生产者的持续经营和获利能力提升,确保其能够按期偿还贷款。因此,只有从农业价值链视角来认识和研判小微农业生产者的融资能力,才能真正了解小微农业生产者的真实经营状况和获利能力,才能掌握其还款能力。

第二节　农业价值链融资的信用成本构成

对农业价值链融资的信用成本构成分析,可以借鉴新制度经济学的理论。根据奥利弗·威廉姆森(1975,1985)对交易成本的简单分类,笔者将资金供给者对农户、小微农业企业等价值链参与主体融资的信用成本用公式表述为:信用成本=信息成本+签约成本+监督成本+风险成本。

一、信息成本

信息成本是指在资金借贷过程中所涉及的各种信息的搜集、整理、研究等所引发的成本。从资金供给者的信息成本来看,首先关注涉及哪些信息的搜集:在信贷交易发生之前,资金供给者要对资金需求者的资信状况,诸如经营者素质、资本实力、经营规模、经营状况、财务状况、现金流量、盈利能力、发展前景、信用记录以及资产流动性等信息进行搜集。这些信息来源渠道多样化,有资金供给者实地调查的第一手信息,也有过去交易的统计数据汇总、各种媒体公布的信息,甚至还有委托专业的信用评估机构提供的相关信息等等。这些信息有助于防止逆向选择(Adverse Selection),即尽量避免在信息非对称的情况下,拥有信息优势的资金需求者,总是试图作出尽可能地有利于自己而不利于资金供给者的选择。在信贷交易发生之后,资金供给者要关注资金需求者的资金利用效率、经营活动的盈利程度、产品市场需求及价格等。搜集到的信息要由专门的人员进行整理、加工处理、研究,进而提出用于决策的有价值的信息。显然,在这一信息的搜集、整理、研究过程中需要支付大量的成本。

一般而言,信息搜集的越全面获得有价值信息的可能性越大,未来的信贷风险可能会越低,与此同时,信息成本也会越高。由于小微农业生产者自身的特殊性,诸如生产经营规模小、管理不规范、财务制度不健全等,决定了信息成本非常高,以至于信贷交易难以进行。然而,农业价值链融资可以防止逆向选择行为的发生,这主要是因为作为农业价值链参与主体的小微农业生产者参与到价值链中,其生产经营行为受到了严格的约束,并被统一纳入整个价值链中。其经营者素质、资本实力、经营规模、财务状况等以及资金利用效率高低、经营活动的盈利程度、产品市场需求及价格等信息都能够更方便地收集,不再需要更多的实地调查或委托第三方机构获取信息,大大降低了信息成本。特别是持续稳定的交易进一步减少了信息成本,更加有利于信贷交易的发生。

二、签约成本

签约成本是指资金供给者与资金需求者为了达成资金借贷交易就资金的价格、额度、支付时间等所作出的议价、谈判、协商,直至最终签订合同等所产生的成本。就资金供给者而言,其希冀能够达成更高的资金价格、更大的贷款额度等交易条件;而对于资金需求者而言,则希望达成更低的供给价格、适当的贷款额度、及时到位的资金等交易条件。显然,交易的双方各自利益及交易条件在某种程度上是对立的。但是,为了达成对双方都有利的交易,就需要通过议价、谈判、协商,互相妥协、让步,最终达成双方统一的交易条件,签订合同进而为实现"双赢"打下基础。一般来说,资金供给者与实力雄厚的资金需求者进行谈判,双方往往处于均势,抑或资金需求者处于主导地位。但是,绝大多数情况下,资金供给者往往在谈判和签约中处于主导地位,是强势的一方,而资金需求者往往是弱势的一方,特别是一些小微资金需求者,更多是被动接受资金供给者的交易条件。即使如此,小微资金需求者能够获得的资金也是非常有限的。无论如何,讨价还价、谈判、协商、签约等都是需要支付成本的。

农业价值链融资将小微农业生产者纳入到价值链系统来进行融资,一定程度上提高了小微农业生产者的组织化程度,有效提升了小微农业生产者的谈判能力,使其在合同签订中处于相对公平和有利的地位。资金供给者与较大数量的小微农业企业作为一个整体进行谈判、签约,和与单个的小微农业生产者交易相比,将大大降低签约成本。特别是参与农业价值链的小微农业企业生产经营活动相对比较稳定,收益的可预期性比较强,获得贷款的可能性大大增强。总体而言,资金供给者与小微农业生产者的交易是以农业价值链为依托展开的,在初次交易时,签约成本相对较高,但是此后随着互信程度的提高,双方能够发展成较为持续稳定的交易关系,可进一步降低签约成本。

三、监督成本

监督成本是指资金供给者为了防范资金需求者的机会主义倾向引发的道德风险,确保贷款完整性,主动实施对贷款使用、偿还等的监督而引发的成本。资金供给者关注信贷资金的使用情况,诸如资金使用的计划是否执行、产品销售及其资金回笼情况等等,这些活动引发了大量的监督成本。监督成本的支付有助于消除道德风险(Moral Hazard),即资金需求者凭借自身的信息优势,享有自己行为的收益,而将成本转嫁给资金供给者,从而可能造成资金供给者利益损失。事实上,资金需求者获得资金之后,有可能全部或部分地改变资金的用途,或者在产品销售及资金回笼后将资金挪作他用,不按时偿还贷款本息等等。资金需求者的这些机会主义倾向是十分明显的,非常有必要采取相关监督措施保证资金的用途以及贷款本息及时收回。这些措施的实施需要由专门的部门和人员来进行,支付必要的成本是必需的。尤其是在我国法治、信用环境还不够完善的情况下,小微农业生产者为其机会主义行为所付出的成本有限,特别是对小微农业生产者的逃债行为难以进行有效打击,进一步刺激了小微农业企业的道德风险和逃债动机,进而加大了资金供给者实施监督的成本。

农业价值链融资将信贷交易活动与商品交易活动紧密结合起来,信贷交易与商品交易不再是没有联系地各自独立完成。信贷交易的发生是基于未来的商品交易并以其为基础的,而商品交易的发生又为信贷交易的最终完成提供资金保障。在此过程中,农业价值链融资的运行机制使得小微农业生产者的道德风险几乎不可能产生,这样资金供给者面临的监督成本就会大大降低。特别需要强调的是,道德风险根源在于资金供给者与需求者自身利益的不一致性,小微农业生产者在追求自身利益最大化的同时,会有意或无意损害资金供给者的利益。在小微农业生产者与资金供给者被纳入到价值链体系后,两者的利益一致性增加,一方利益受损,另一方利益也将同样受损。显然,双方利益的一致性使得农业价值链内在的约束机制发挥作用,保证了监督成本的降低。

四、风险成本

风险成本是指资金供给者为预防风险事故和控制风险所支付的成本,以防止资金需求者到期不能按时向资金供给者还本付息造成利益损失。主要由两类成本组成:一是信用风险成本,主要是资金需求者主观故意违约事件所引发的成本;二是市场风险成本,主要是资金需求者的客观经营不善的风险所引发的成本。前者可能由于资金需求者有偿付能力但有意不按时偿还或将回笼资金挪作他用难以收回等造成。资金供给者为进一步降低小微农业企业可能的违约行为所造成的风险,往往要求资金需求者提供质押物、抵押物。一旦小微农业生产者违约,资金供给者可以通过向法院申请对质押物、抵押物进行处理来减少损失。然而,处理质押物、抵押物的成本是极高的,诸如第三方资产评估机构的选择以及由此引发的评估费用、协助法院办案引发的执行费用等等,很可能出现"赢了官司、输了钱"这一常见现象,大大增加了资金供给者维护自身合法权利的难度和成本。后者可能是由于资金需求者经营不善导致长期亏损而无法偿还所有到期债务等造成的。众所周知,农业是高风险、低收益的弱质产业,其生产经营活动面临较高的自然风险,受自然因素的影响较大。加之我国农业保险不够发达,一旦遭遇各种自然灾害,往往造成小微农业生产者轻则减产减收、重则颗粒无收的局面。

农业价值链融资的运行机制一定程度上能够缓解或消除信用风险成本和市场风险成本。就信用风险成本而言,农业价值链融资的通常做法是:资金供给者要求小微农业生产者在指定银行开设专门账户,其下游的价值链参与主体与其进行商品交易后的资金结算,直接通过银行进行并将货款收入转入专门账户,优先用于偿还贷款本息。这将围绕农业价值链展开的信贷交易与商品交易有机结合起来,有效地降低了信用风险成本。就市场风险成本而言,农业价值链中小微农业生产者的生产经营活动,已超越传统小农的自然经济状态,走向专业化的市场经济,为防止自然风险引起的损失,事先需参加农业保险。因此,即使遭遇较为严重的自然灾害,小微农业生产者也不至于损失惨重,进而难以偿付资金供给者的贷款本金。可见,农业价值链融资的运行机制降低了风险成本。

总之,农业价值链参与主体通过价值链将农业生产资料供应、农产品种养殖、加工、深加工和销售等环节连接成为一个系统,各环节的相互紧密协作实现了信息的双向流动,上下游环节的信息能够更多共享。整个农业价值链内部形成了一个信息网络系统,这些信息不仅在内部流动,而且也能够从整体上与外部的金融组织等进行一定程度的共享,特别是能够汇总分散的农户等小微农业生产者的零星化、碎片化的信息,由此将信贷交易与商品交易结合在一起,不仅解决了信息不对称问题,而且还缓解了抵押品缺乏问题。总之,农业价值链融资的信息成本、监督成本、风险成本等信用成本得到了较大降低,从而使得小微农业生产者的资金需求能够得到较好满足。

第三节　农业价值链融资信用成本的影响因素

农业价值链融资大大减少了资金供给者与资金需求者之间的交易成本,提高了两者间的交易效率。那么,农业价值链融资到底是如何减少交易成本的,哪些因素发挥了作用? 这需要从理论上进行探讨。根据威廉姆森(1985)的交易成本理论,除了人的有限理性和机会主义因素导致了交易成本的增加以外,影响交易成本高低的主要因素还有三个方面:(1)交易的频率;(2)交易的不确定性;(3)资产专用性。下面笔者将从这三个方面来分析农业价值链融资是如何降低信用成本的。

一、交易的频率如何降低信用成本

交易的频率是指交易发生的次数。通常情况下,如果交易双方初次进行交易,双方都对自己的交易对象不太了解,信息不对称问题突出,为了减少交易风险,双方都需要支付较高的交易成本。如果交易双方经常进行交易,那么,随着交易次数的增加,双方就有更多的机会加强了解,信息不对称问题就能够得到缓解,从而逐渐建立一个治理结构保证交易的进行,由此大大降低交易成本。在重复性交易中,交易成本随交易频率的增加而递减。相反,如果双方的交易是很少发生的,那么,就很难建立这样的治理结构,其信用交易的成本就要高得多。

从交易发生的频率来看,农业价值链融资将资金需求者与资金供给者紧密联系起来,通过价值链提供一揽子金融解决方案,在资金需求者与资金供给者之间形成了一种长期的、重复的、稳定的交易关系。这种交易必然会促使交易双方加强沟通、交流,进而增加信任,逐渐建立起降低交易成本的良好运行机制。事实上,一旦小微农业生产者与资金供给者建立起最初的信贷交易关系之后,他们之间的信贷交易将会持续进行。一般来说,交易频率越高,总交易成本越高。就单笔信贷的交易成本而言,其远远低于传统信贷下单笔信贷的交易成本。总之,在农业价值链融资中,交易发生的频率越高,小微农业生产者在信贷交易中面临的总信用交易成本也越高,但每笔信贷交易的交易成本则大大降低。

二、交易的不确定性如何降低信用成本

交易的不确定性是指交易过程中各种风险的发生机率。人类没有先知先觉的本能,其所有生产经营活动都面临着诸多的不确定性,这主要是由人类的有限理性的限制所导致的。面对未来的潜在交易,交易双方间的信息不对称现象十分明显,人们无法完全事先预测到交易发生后的未来结果。作为交易的双方都要尽可能在交易发生之前、之后搜集更多信息,试图把信息不对称减少到尽可能低的程度,特别是可以通过契约来保障自身的利益,从而减少了交易的不确定性。但是,这些活动必然伴随着信息成本、监督成本等的提升,最

终导致交易成本增加。因此,寻找降低交易成本的有效途径,进而减少交易的不确定性,是实现交易顺利进行的前提。

从交易的不确定性来看,农业价值链融资可以大大减少交易的不确定性。这是因为处在农业价值链上的小微农业生产者,其生产经营活动被纳入价值链体系中,与其他主体之间形成了相互协作的"共生"机制。为了共同利益的最大化,农业价值链参与主体作为一个整体参与市场竞争,并形成了一定的竞争优势,这大大降低了交易的不确定性及其交易成本。同时,由于小微农业生产者与资金供给者之间建立了长期稳定的合作关系,双方很容易更多地掌握对方的详细信息及交易情况,由此降低了信息搜集成本。另外,在价值链融资中,资金供给者在提供信贷支持的同时可以方便地监控资金的流向,保证了借贷资金能够及时偿还,这大大降低了事后监督成本,有助于防范交易中产生机会主义的可能性,从而减少了信用交易成本。

三、资产专用性如何降低信用成本

资产专用性是指某些投资一旦形成某种专门用途的资产,就难以改变为其他用途,或者即使必须转作他用,投资于资产上的成本也将难以回收,必定造成较大的经济损失。一般认为,当一项投资所形成的资产专用性很强,转作他用损失程度很大时,就形成了专用性资产。在这种情况下,如果契约的一方采取机会主义行为提早终止契约,所投入的资产将难以被转作他用,由此造成相当大的损失,形成沉没成本。因此,对于资产专用性强的投资而言,契约关系的连续性尤为重要。只有在交易双方关系稳定、可以信赖的情况下,才能进行专用性资产的投资,从而避免更大的投资风险。

从资产专用性来看,小微农业生产者作为农业价值链上的参与主体愿意主动进行某些专用性资产的投资,以期能够加入农业价值链,并与价值链上其他参与主体形成稳定的合作关系。这些投资一旦形成专用性资产,就将进一步密切小微农业生产者与价值链其他参与主体的关系,这将有助于克服因有限理性和机会主义倾向产生的不良后果,减少交易不确定性所可能引发的风险成本。一旦投入形成专用性资产,小微农业生产者脱离农业价值链就会造成经济损失,且资产的专用性越高,小微农业生产者脱离价值链的成本越高,由此加强了双方的合作与依赖关系。资金供给者基于小微农业生产者的生产经营活动的持续性和盈利性,收回贷款的可能性非常大才可能向其贷款,而小微农业生产者也是基于农业价值链的价值增值和分享的可预期性,才积极投资专用性资产以期获得更多利润。同时,资金供给者为小微农业生产者提供金融服务,也需要对农业价值链、小微农业生产者、市场需求、贷款使用监督与回收等进行研究,从而需要投入一定的专用性资产,这将有助于加强资金供给者与小微农业生产者的关系,强化业务上的紧密联系,形成长期合作关系,降低资金供给者的资产专用性风险。

总之,通过以上分析,可以看出,农业价值链融资在解决小微农业生产者融资难的问题上具有独特的优势,其主要优势集中体现在有效降低信用成本以及减少信息不对称、弥补抵押品缺失、提高盈利能力方面。而信息不对称、交易成本高、合适的抵押品缺失、农业生产经营微利等恰恰是制约小微农业生产者融资难的几大难题。事实上,农业价值链融资在解决小微农业生产者融资难方面实现了商业信用与银行信用的结合、正式金融与非正式金融的结合、外源融资与内源融资的结合、现金交易与信用交易的结合,拓展了农业融资的思路和做法。可见,农业价值链融资可以成为解决小微农业生产者融资难的有效途径。

第四章　国外农业价值链融资的
实践及其信用成本分析

随着农业现代化的发展,农业产业化、一体化的发展趋势日益凸显,产销加一体化、贸工农一体化经营将工业化的发展成果应用于农业,实现了一二三产业的有机融合,这为农业价值链融资提供了有力的实践支持。本章试图运用农业价值链融资理论来解释日本农户、荷兰家庭农场是如何解决融资需求的,在此基础上,提出解决我国农业融资难的基本思路是发展合作社主导的农业价值链融资。这一全新的视角和思路突破了既有解决农业融资难的传统做法,具有现实的可操作性。

第一节　日本农户参与价值链融资的
实践及其信用成本分析

第二次世界大战使日本农业遭受了严重的破坏,然而战后日本农业很快得到了恢复和发展,到 20 世纪 70 年代初日本已经实现了农业现代化。目前,日本有 1.27 亿人,而从事农业生产的人口却仅有 369 万。据日本杂志《总裁》(President)2013 年 5 月发布的"日本各职业年均收入"排名,日本农民年收入甚至超过了国家公务员,达到 765 万日元(约合人民币 49 万元),排名第

24 位。事实上,日本农民具有较高的社会地位,生活质量和水平一定程度上超过了城市居民。

日本农业之所以取得这样大的成就能带动农民富裕起来,是因为农协的成功发展推动了农业现代化、农民组织化。而农协的成功发展主要取决于其金融事业的成功,特别值得关注的是利用农协成功解决了农户融资难问题。事实上,作为社员的农户自然地被纳入农业价值链中,其融资需求依托价值链进行,交易成本得到了极大降低。本节在简单概括日本农协及其金融事业的基础上,从信用成本角度分析农户的融资情况。

一、日本农协及其金融事业概况

在日本农业现代化的进程中,农协发挥着至关重要的作用。而农协的金融事业是其发展壮大的主要依托。

(一) 日本农协概况

日本农协是日本农业协同组合的简称(农业协同组合的英文是 Agricultural Cooperative,也可译为农业合作社),其前身是 1943 年成立的农业会。1947 年 11 月,日本颁布了以英国的罗虚代尔原则为思想基础的《农业协同组合法》,这标志着农协正式成立。该法明确规定:农协以"提高农业生产力和农民的社会经济地位,促进国民经济的发展"为目标,"从事的各项事业应最大限度地为组合员(社员)做奉献,不以盈利为目的"。农协是法制化的由农民自发组织和管理的合作组织。

经过近 70 年的发展和完善,日本农协已经形成了比较完整的组织体系,即基层农协—都道府县联合会—全国联合会的三级体系:一是市町村级的基层农协。基层农协有两种类型:综合农协和专业农协。综合农协具有强大的功能,主要从事以下六个方面的活动:生产指导、统一销售、集中购买、信贷支持、保险和保健事业、社会服务。而专业农协是专门为菜农、果农等特定农产品的生产资料购买、生产指导、销售和加工等提供服务的组织,其规模小、数量多。专业农协与综合农协最大的不同是不经营金融和保险业务,因此,加入专业农协的农户,还要加入综合农协。综合农协是日本农协的典型形式,本书所研究的农协专指综合农协。二是都道府县不同专业的农协联合会,由成为其会员的农协出资组建,主要有都道府县农协联合会、经济农协联合会、信用农协联合会、共济农协联合会、厚生农协联合会等。三是全国不同专业的农协联合会,由成为其会员的都道府县层次的不同专业农协联合会出资组建,主要有全国农协中央会、全国农协联合会、农林中央金库、全国共济农协联合会、全国厚生农协联合会等。据统计,截至 2008 年 6 月,日本有综合农协 771 个。截至 2008 年 4 月,各种都道府县"农协联合会"有 110 个,各种专业性全国联合会有 18 个。①

　　农协作为农户自我服务的一种经济组织,不是为了获取利润,而是为全体社员农户提供服务,保证社员获得经济利益。农协体现了公私两利,保证了社员利益和集体利益、公平与效率的有效结合。从分配的角度来看,农协中的个人利益分配,实行按社员农户对农协的贡献大小和按股分配相结合的原则。因此,在社员农户与农协之间就存在一定的利益分享。特别需要指出的是,农户在农业生产经营活动中需要参加若干个农协,也就是说其作为社员是多个农协的社员,这就意味着其可以从多个农协获得利益分配,即农户可以享受其所参加的所有农协在生产经营活动中所实现的价值增值的一部分。这些利益分配集合在一起形成了农户生产经营活动的全部利润。

　　日本农协几乎把每个村庄的所有农户都组织起来,99%以上的村民都加入了农协。农协基层组织遍布日本的每一个村庄,一个显著特点是与村庄的自治组织融为一体,大大提高了农民的组织化程度。特别是农协业务范围很广,凡是农民有需求的都有涉及。农协不仅要为农户提供产前、产中、产后的

---

① 冯昭奎、林昶:《日本农协的发展及功过简析》,《日本学刊》2009 年第 2 期。

生产性服务和指导,而且还为农民提供生老病死等的生活性服务。总之,日本农协不仅在农业经济发展中发挥了重要的作用,而且在社会活动、政治活动中发挥了重要的影响。

特别需要注意的是,日本农协体系也在不断发展变化。一是农协走向合并。由 1960 年的 12050 家,合并为 2010 年的 715 家,有成员 943 万户,平均每个农协 13200 户。[①] 二是由三层向两层转变。过去中央—都道府县—基层农协的三级体系开始向两层体系转变,即基层农协直接加入中央级农协组织,都道府县农协开始撤并,如由农林中央金库直接承接都道府县农业信用联合会(简称"信农联")的信用业务。这进一步加强了基层农协与中央层面农协的联系,有利于基层农协更好开展涵盖农民生产生活的综合性经营服务活动。

(二) 日本农协金融事业概况

众所周知,日本农协制度是典型的在借鉴学习和应用创新基础上发展起来的。日本农协最早从西欧引进,其开端可以追溯到明治后期(1889—1914年)。由于在发展初期受当时发展比较好的德国信用合作社影响较大,导致日本农协的"基因"中天生具有重视信用业务的传统。纵观日本农协历史可以看出,金融事业一直是农协诸多事业的中心,在农协发展中扮演着至关重要的角色,其已长期成为农协盈利最大的部门。特别是农协金融业务不仅遍布农村地区,而且开始覆盖城市郊区,已经成为日本金融业中一支不可或缺、不容忽视并发挥着举足轻重作用的重要力量。

与农协组织体系相对应,日本农协的金融组织分两个体系各有三个层次。一是信用组织体系的三个层次。市町村基层农协的信用部可以为农户等社员办理存款、贷款等业务,其剩余资金上存到信农联,资金缺乏时由信农联支持;都道府县农业信用联合会接收基层农协的剩余资金,组织资金结算、调剂和运

---

① 张旭锋:《日本农协在农业现代化建设中的地位——日本农协运营管理考察一瞥》,《农村经营管理》2012 年第 9 期。

用,为基层农协提供融资服务,其剩余资金原则上上缴农林中央金库,资金缺乏时由农林中央金库支持;农林中央金库接收信农联上存的资金,还可发行农林债券等,负责整个农协系统内资金的调剂、融通、清算,协调、指导基层农协以及信农联的资金活动。二是保险组织体系的三个层次。市町村基层农协的共济组合直接为农户等社员承办农业保险业务;都道府县农业共济组合联合会承担共济组合的分保;全国农协共济联合会以政府为领导承担共济组合份额以外的全部再保险额。这两个金融组织体系在各自的三个层次之间自主经营、独立核算,相互之间不存在严格的隶属关系,上级组织对下级组织的指导和支持建立在平等、自主的基础上,并主要运用经济手段进行协作,由此形成了相对独立的资金运营系统。与此同时,三个层次的组织彼此关系密切,各项事业均可通过对应机构上承下达,形成合力统一行动。这不仅保障了农协金融体系的运行效率,也体现了农协金融系统的独特性。

日本农协金融事业充分体现了"农有、农管、农收益"的合作社原则,业务的盈余按交易额——实际储蓄额、贷款额和保险额等返还给农户,实现了二次分配,保障了农户权利和利益的最大化。日本农协的金融功能十分强大,农协系统以金融为支柱为农户等社员提供全方位服务,不仅能办理传统的存款、贷款业务,而且还办理补助金分发、证券买卖、支付结算、保险经纪、债券发行等业务,以及从事各种国债性的投资活动,还积极拓展国外市场。据统计,日本农户的储蓄中农协占53%,邮政储蓄占13%,商业银行占34%。① 农协信贷事业不仅在农村金融市场独领风骚,还在城市金融业中占有一席之地。同时,农协的共济组合业务除了农业机械、设施保险,还有生命保险、建筑保险、汽车保险等险种,其险种多、范围广。就所持有的保险合同金额而言,日本生命保险公司(即日本生命保险相互会社)是日本最大的保险公司,农协共济事业排名第二。

---

① 坂下明彦:《日本农协的组织、机能及其运营》,《农业经济问题》2000年第9期。

金融业务作为基层农协的核心业务,其盈利是保证农协能够生存和发展的基础。据统计,1998—2008 年间日本农协信用事业和共济事业对农协的贡献最大,并且是唯一能够保证持续盈利的,而销售、仓库、加工等事业在绝大多数年份都是亏损的,由此信用事业和共济事业的盈利弥补了其他事业的亏损,保证了农协从整体上是盈利的。2002 年,农协信用事业盈利 1.2546 万亿日元,共济事业盈利 2.8082 万亿日元,其他事业全部亏损合计达到 2.8565 万亿日元,最终农协利润仅 1.2063 万亿日元。[1] 截至 2005 年 3 月末,日本农协拥有金融店铺 11750 家,吸收存款余额 77.7 万亿日元,发放贷款余额 20.7 万亿日元。[2] 2008 年,信用事业的收入占农协总收入的 38.5%,共济事业的收入占 26.6%,购买事业的收入占 19.8%,而其他事业的收入单项占比没有超过10%的。[3]

可见,金融事业对农协的重要性不言而喻,由此也形成了农协对金融业务的依赖性。可以得出的直观结论是:金融业务的持续盈利情况直接决定了农协能否生存下去。

二、日本农协农户融资基本情况

日本农户融资的基本情况分析可以从两个方面来进行,一是分析农户融资需求情况;二是分析农户融资供给情况。只要农户的融资需求与融资供给能够相适应,就可以在一定程度上达到市场均衡,从而也就不会存在农户融资难问题。鉴于日本农户融资供给能够很好地满足融资需求,本书仅分析其供给问题,不再分析需求问题。

现代农业的发展离不开较为完善的金融体系支撑。日本农协中农户资金

---

① 余丽燕、罗良标:《日本农协融资经验与启示》,《亚太经济》2012 年第 2 期。
② 中国人民银行重庆营业管理部课题组:《日本综合农协发展改革前景及其对我国的借鉴》,《南方金融》2006 年第 7 期。
③ 余丽燕、罗良标:《日本农协融资经验与启示》,《亚太经济》2012 年第 2 期。

需求的满足主要来自农协以及政府。基层农协的信用部主要有存款、贷款、债务担保、结算、票据贴现等业务,为农户提供融资服务是日本农协金融事业的主要业务之一。日本的相关法律明确规定了由农协向资金不足的农户提供资金,办理信贷业务。

首先,农协是农户融资的最大供给者。面向农户生产经营活动的贷款是农协主要的信贷业务,其贷款利率通常低于其他商业性金融机构大约 0.1 个百分点,并且一般不需要担保。农户所需农业资金的绝大部分也依靠农协的信用事业,1975 年这一比例曾高达 83.1%。[①] 农协的资金主要用于农民的借贷、农协自身经营的周转以及各项发展事业投资,其对农业和农民的贷款占到贷款总额的 90% 以上。[②] 日本农协的融资供给以会员的存款为基础,以服务会员为目的,农协信用系统存款利率略高且具有完善的服务网络,不仅吸纳了农户的大量闲散资金,而且也吸引了社会上的其他闲散资金。与此同时,农林中央金库还可以调节日本农协系统不同地区和季节之间信贷资金的平衡。农协接受农户社员生产出来的产品,以销售后盈利部分作为存款,并向社员贷款。当存款出现剩余时再存入信农联,信农联向资金不足的基层农协或者是其他的信农联贷款,剩余部分存入农林中央金库,再剩余部分存入国家银行,由国家分开支付不同的利息。[③]

其次,政策性贷款是农户融资的重要供给者。政府的政策性农业贷款也是农户融资供给的重要途径。众所周知,有些农作物生产经营成本高、生产周期长,农户盈利水平低,其只能接受长期的低息贷款,而有些农业基础设施建设等方面的贷款金额较大,其期限可长达 15 年甚至 20 年,这是农协信用事业所难以承受的,需要政府介入提供资金支持。政策性贷款主要有农业现代化

[①]　陈柳钦:《日本农协的发展历程、组织、功能及经验》,《郑州航空工业管理学院学报》2010 年第 1 期。

[②]　杨娜曼:《农民合作经济组织的制度经济学研究》,湖南农业大学博士学位论文 2008 年,第 114 页。

[③]　衣保中、郑丽:《日本农协在农业产业化中的作用》,《现代日本经济》2006 年第 4 期。

资金贷款、农村渔业金融公库低息贷款、农业改良资金、改善和扩大农业经营贷款和自然灾害救济贷款。[1] 一般来说,这些政策性贷款是由政府委托农协进行发放的,与此同时,农协还负责为农户办理国家对政策性农业贷款的补助金和利息补贴,由此实现国家推动农业发展的政策意图。显然,农协作为联系政府与农户的桥梁,一定程度上承担着贯彻实施政府农业保护政策的职能。日本的 5 种政策性金融贷款中有 4 种委托农协的金融信用部门承办。[2]

最后,商业性金融机构也是农户融资的供给者。20 世纪 90 年代以来,日本的地方银行和信托银行为开拓贷款渠道,也积极介入农业融资。这主要是因为日本实施金融自由化改革以来,金融领域的竞争越来越激烈,地方银行甚至大商业银行为了拓展生存和发展空间也开始面向农户进行贷款。因此,农户选择资金供给者的余地增加了。

饶有意味的是,日本农户的融资需求几乎能够没有障碍地得到满足。特别是随着日本经济增长以及农户经济实力增强,受农业制度资金(根据日本相关法律和金融政策设立的农业投资资金被称之为农业制度资金)充实以及农业投资项目缺乏的影响,农协信用贷款业务的开展越来越困难,储贷率(贷款额与储蓄额之比)降到 27%。[3] 由此导致农协信用事业的收益迅速减少,对农协的生存和发展产生了重要的影响。

总之,日本农协系统出现了农业生产资金富余的现象,而随之而来的新问题是如何有效运用农户的富余资金,保证农户获得更多的投资收益。由于基层农协难以消化农户的大量富余资金,只能将其上交到都道府县信农联,而都道府县信农联也难以全部为这些庞大资金找到合适的投资渠道,其中绝大部分上交到农林中央金库进行运营,并通过都道府县信农联和基层农协逐级返还红利。与此同时,农林中央金库为上交资金的运用正竭尽所能。

---

① 衣保中、郑丽:《日本农协在农业产业化中的作用》,《现代日本经济》2006 年第 4 期。
② 衣保中、郑丽:《日本农协在农业产业化中的作用》,《现代日本经济》2006 年第 4 期。
③ 坂下明彦:《日本农协的组织、机能及其运营》,《农业经济问题》2000 年第 9 期。

三、农户参与农业价值链融资分析

一般来说,农户普遍是力量最微弱的微观农业市场主体,其在整个农村金融市场中是弱势群体,融资需求往往难以满足。因此,在对日本农业融资问题的考察中,笔者选择这一数量最大、比较有代表性的主体进行分析。

众所周知,基层农协具有强大的经济功能,主要从事种子、化肥等生产资料的供应,农产品生产指导,农产品加工,制成品销售等,这些经济功能实际上主要是由农业价值链参与主体来承担。农业价值链参与主体主要有承担供应功能的合作组织、农户、承担生产功能的合作组织、承担加工功能的合作组织、承担销售功能的合作组织、消费者,这些价值链参与主体往往就是承担多种经济功能的一个或多个农协。另外,农协还可以提供融资和保险等金融业务以及其他社会化服务等,这些经济功能主要由农业价值链外部的相关主体承担,如承担金融功能的合作组织、承担保险功能的合作组织、承担服务功能的合作组织等等。这样,由一个或多个农协通过纵向市场关系沿着价值链构建起了一条农业价值链,农户的生产经营活动被纳入由一个或多个农协所构成的农业价值链中,并且农户的生产经营活动的不同环节被分解成若干个独立部分,并由一个或多个农协分别承担,依托农业价值链内部参与主体、价值链参与主体与外部主体之间密切而稳定的交易关系,实现了将所有环节的经营活动都纳入农协网络体系之中。

作为小生产者的农户是农业价值链上最重要的主体,其加入一个或多个农协。农协涵盖的业务范围十分广泛,诸如供应合作、生产合作、加工合作、销售合作、金融合作、保险合作、服务合作等。在此基础上,依托一个或多个农协所构成的农业价值链可以用来分析如何解决农户融资问题以及其内在的运行机理。农户参与的农业价值链及其融资问题可以通过图 4-1 表示出来,图中虚线内的纵向链条即为价值链参与主体之间的农业价值链内部融资,虚线内农协的各类合作构成了农户参与的价值链,价值链外的金融合作、保险合作、服务合作也围绕价值链上的农户展开活动。虚线以外的各类主体特别是商业金融、政策金融向农户提供的融资即为农业价值链外部融资。显然,农户与各类主体之间的交易活动以及由此引起的资金融通活动都能够通过农协来完成。因此,日本农户面临的融资问题自然而然地由农协来解决。

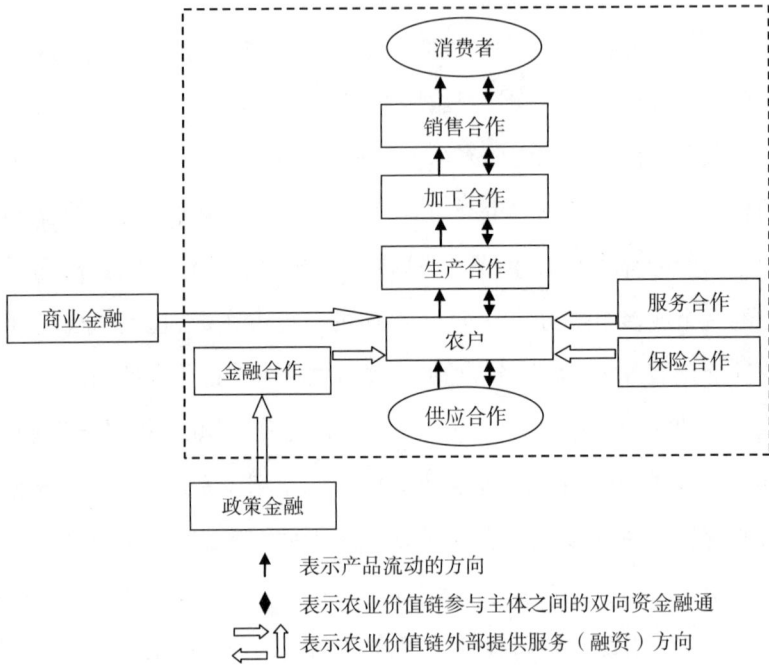

图 4-1 农户参与的农业价值链融资图

日本农协的农户融资活动之所以比较成功,是因为农协将融资活动与农户的生产经营结合起来,也就是基于农业价值链展开的,具有农业价值链融资的典型特征。农业价值链融资将信用活动嵌入到农产品生产、加工、流通、销售的一系列价值增值的农协网络体系中,基于上下游主体之间的真实交易,以农户生产或经营的产品作为保障,从而能识别风险并能较好控制风险、降低成本。农协的农户融资以整个农业价值链作为提供金融服务的依据:一是基于农业价值链前后环节之间信息完全对称的特征,在价值链参与主体之间进行的农业价值链内部融资,即农户与供应、加工、贸易等合作经济组织之间所发生的赊销、预付订金、租赁等资金融通活动。这些价值链参与主体向农户提供资金支持的前提,通常是要以出售产品或收购农产品(即赊欠销售投入品和产品的后期购买)的方式偿还贷款,而不进行现金往来的结算。价值链内部融资依托价值链参与主体之间较为稳定的市场交易特性,将参与主体之间的资金供给和需求与之相衔接,实现双方之间的基于商品交易的资金融通关系。这种非正式的制度安排有一些内在的优势,表现在:参与主体之间存在的依赖关系;克服参与主体之间熟悉和信任的信息差距;可以很容易地嵌入还款机制;便于向生产者提供技术援助;采购、贸易和投入品供应主体自愿进行放贷。就农业价值链内部融资而言,农业价值链参与主体成为重要的金融服务提供者,其提供的融资服务主要有预付款、赊销、仓单抵押融资、贸易信贷、商品融资等短期流动贷款。

二是基于农业价值链从生产到消费的每一个环节的附加值提升的特征,外部金融机构等对价值链参与主体提供金融支持进行价值链外部融资。其中最重要的是农协信用部向农户发放贷款。农户提出贷款需求后,农协帮助农户制定贷款用途以及偿还计划。一旦发放贷款将关注农户如何将贷款运用好,指导农户与供应、生产、加工等合作组织建立联系,确保农户的生产经营活动取得成功,保证将获得的良好经济效益按期偿还贷款。同时,需要指出的是,农协金融活动的一大优势是有利于降低信贷风险。农户融资需求往往规模小,具有明显的零碎性、季节性特征。农协信用部设在农户周围,能够更正确、及时了解农户的生产经营情况,有助于贷款的发放与偿还,特别是农协的供应、生产指导、加工、销售、结算、保险等业务对降低农户信贷风险具有其他金融机构无法比拟的优势。就农业价值链外部融资而言,农业价值链外部的金融合作组织是农户最重要的依托机构,而政策性金融机构往往是依托农协信用部来提供资金的。需要指出的是,商业性金融机构也可以基于由农协网络体系构建的农业价值链来向农户提供资金支持。

总之,日本农协的农户融资之所以能够顺利进行,是因为一个或多个农协所构建的农业价值链天然具有解决农户融资难的特性,成为农业价值链融资取得成功的典型实践和案例。因此,笔者认为农协是实现农业价值链融资的最优组织,解决农业、农户融资难问题需要发展农协。

四、农户参与农业价值链融资的信用成本分析

从前面的理论分析来看,农业价值链融资的交易成本分析可以从两个视角进行:一是价值链融资如何降低信用成本;二是价值链融资的信用成本构成。对于农户参与农业价值链融资的信用成本,笔者从前者的视角进行分析;对于家庭农场参与农业价值链融资的信用成本,笔者从后者的视角进行分析。

日本社员农户参与农业价值链融资大大减少了资金供给者与资金需求者之间的信用成本,提高了两者间的交易效率。那么,农业价值链融资到底是如何减少交易成本的,可以从交易的频率、交易的不确定性、资产专用性三个方面进行分析。

(一) 交易的频率如何降低信用成本

交易的频率是影响信用成本的重要因素。日本已经建立了发达的现代农业体系,社员农户的生产经营活动几乎全部被纳入农协的专业化社会化服务中,社员农户已经成为农业价值链中的重要一环。反过来说,社员农户也已经离不开农业价值链而独立发展。因此,农户作为发达的农业价值链主体必然与价值链上的其他主体频繁地进行交易,使得交易双方互相加深了解,信息不对称问题得到缓解,交易成本随之降低。

众所周知,社员农户生产经营活动的周期性意味着其融资需求的周期性,价值链融资将农户与资金供给者紧密联系起来,通过价值链提供一揽子金融解决方案,在农户与资金供给者之间形成了一种长期的、重复的、稳定的交易关系。这种交易必然会促使农户与价值链内外主体建立起持续的信任关系,形成降低交易成本的良好运行机制,社员农户与农协信用部的交易频繁,双方

较为熟悉,信息较为透明,极大降低了信用成本。

(二) 交易的不确定性如何降低信用成本

交易的不确定性是增加交易成本的重要原因,减少交易的不确定性是降低交易成本的有效途径。日本社员农户被纳入农业价值链中,其生产经营活动较为确定,交易双方的信息不对称现象得到缓解。尽管如此,农户的生产经营活动面临的不确定性并不能完全消除,寻找降低交易成本的有效途径,进而减少交易的不确定性,是实现交易顺利进行的前提。

日本社员农户参与农业价值链融资之所以能够大大减少交易的不确定性,是因为处在农业价值链上的农户,与其他主体之间形成了相互协作的"共生"机制,所有价值链主体成为一个整体参与市场竞争,这大大降低了交易的不确定性及其交易成本。同时,由于农户与资金供给者之间建立了长期稳定的合作关系,降低了信息搜集成本、事后监督成本,从而减少了信用成本。

(三) 资产专用性如何降低信用成本

资产专用性是影响信用成本大小的主要因素。日本社员农户在长期的农业生产经营活动中,持续地进行投资形成某种专门用途的资产。一般来说,社员农户作为农业价值链上的参与主体愿意主动进行某些专用性资产的投资,以期望能够加入农业价值链,并与价值链上其他参与主体形成稳定的合作关系。这些投资一旦形成专用性资产,就将进一步密切农户与价值链其他参与主体的关系,减少交易不确定性所可能引发的风险成本。

事实上,随着社员农户专用性资产的积累,其脱离价值链的成本越来越高,由此加强了双方的合作与依赖关系。农户基于农业价值链的价值增值和分享的可预期性,才会积极投资专用性资产。资金供给者立足于整个农业价值链为农户提供融资,收回贷款的可能性非常大。同时,资金提供者为农户提供金融服务,也需要对价值链运行情况以及相关贷款信息进行研究,投入一定的专用性资产是必不可少的,这些专用性资产将有助于加强资金供给者与社员农户的关系,进一步密切双方业务上的紧密联系,形成长期合作关系。

总之,日本农户参与农业价值链融资具有独特的优势,有效地降低了信用成本。可见,农业价值链融资可以成为解决农户融资难的有效途径。

第二节 荷兰家庭农场参与价值链融资的实践及其信用成本分析

17 世纪,荷兰(The Kingdom of Netherlands)是当时世界上最强大的海上霸主,是航海和贸易强国。[①] 位于欧洲西偏北部的荷兰素有"欧洲心脏"之称,是世界著名的亚欧大陆桥的欧洲始发点。荷兰是世界有名的低地之国,四分之一的土地低于海平面,绝大部分地势很低。荷兰天然气和石油储量比较丰富,其他自然资源相对贫乏。荷兰国土总面积约为 4.2 万平方公里,2018 年总人口 1723 万人,人口密度超过 410 人/平方千米,是世界上人口密度最高的国家之一。荷兰虽然是典型的欧洲小国,但却是世界农业大国、农业强国。

长期以来,由于土地以及相关农业要素的稀缺,荷兰的农业发展十分缓慢,一直到 20 世纪 50 年代国内农产品仍不能自给自足。随着 20 世纪 70 年代荷兰农业的改革,农业生产率得到了大大提高。到 20 世纪末,荷兰农业的贸工农一体化的产业化经营形成,农业的国际竞争力大大增强。

荷兰是一个高度发达的资本主义国家,其农业非常发达,是名列前茅的农产品出口国,尤以郁金香和奶制品出名。据统计,荷兰国土面积的 28% 是牧

---

① 荷兰政府决定自 2020 年 1 月起,国名的官方正式称号为"the Netherlands",在正式场合中用"Netherland",停用"Holland"。从地域上看"Holland"仅是"Netherlands"的一小部分,不足以涵盖更多地域。而"Dutch"是一个常见的对"荷兰"的英语俗称,用于称呼荷兰的首要族群,即荷兰人(Netherlanders)。

场,乳制品的年出口额超过 70 亿欧元,约占荷兰出口收入的 10%。① 荷兰奶业具有强大竞争力的原因,除了其优越的地理位置和适宜的气候条件使奶牛饲养的成本大大降低以外,欧盟的"共同农业政策"(Common Agricultural Policy)的保护也为奶制品出口保驾护航。更重要的是,牛奶价值链的完善、高效运行以及便捷的融资,有效地降低了交易成本,实现了原料奶价值的增值,造就了其在世界乳业市场上的强大竞争力和声誉。家庭牧场是荷兰奶业发展最重要的主体,为了更好理解和掌握牛奶价值链的运行情况以及家庭牧场的融资情况,笔者从交易成本的角度对家庭牧场进行研究。

一、牛奶价值链的基本情况

牛奶价值链是指从建设牧场、提供饲料养殖奶牛开始,产奶、运输、加工、销售,直到消费者手中的一系列的过程和活动,也就是牛奶"从牧场""到餐桌"的流动过程。价值链重在强调牛奶通过加工和商业化实现价值从生产到消费诸多环节一系列的传递、转移和增值,并最终实现价值分享。

荷兰牛奶价值链主要是由家庭农场②、合作社和公司等构成,其形成了关系紧密的利益共同体。如图 4-2 所示,家庭牧场是牛奶价值链的基础,是牛奶生产的基本单位。合作社是牛奶价值链的核心和主导,主要谋求和保障社员家庭牧场利益最大化。公司负责收购家庭牧场的牛奶并进行加工和销售等,确保牛奶价值的增值,让社员家庭牧场参与分享利润。

研究荷兰牛奶价值链必须以家庭牧场为起始点。家庭牧场一直都是荷兰农业的主导组织形式,是荷兰农业系统的强大基础。荷兰家庭牧场有着悠久的历史传统和旺盛的生命力,早在 19 世纪就形成了专业化的奶牛家庭牧场。农场一般规模较小,以家庭成员(一般为夫妻或父子)为主要劳动力。面对经

---

① 胡军华:《奶价低全球乳业头疼　荷兰人如何保持基本尊严》,《第一财经日报》2016 年 9 月 2 日。

② 下文用"家庭牧场"一词。为了体现普遍性,本节标题用了家庭农场。

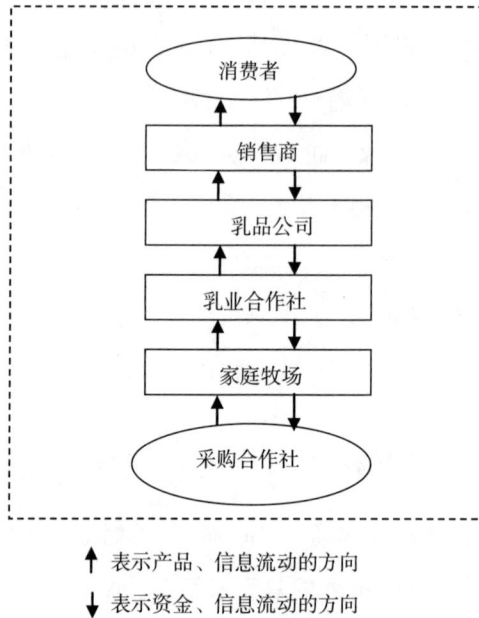

↑ 表示产品、信息流动的方向

↓ 表示资金、信息流动的方向

图 4-2　牛奶价值链

营规模小、生产风险高、价格波动大、经营利润低等的困难局面,奶牛家庭牧场走向了自发组建奶农合作社的道路。第一家规范的合作社性质的乳品加工厂建立于 1886 年,由 23 个养殖户集体入股投资建立,其动机是防止某些加工厂对原奶压价。① 荷兰牛奶产业中合作社的市场占有份额达到 85%。一般情况下,家庭牧场可以同时参加 3—4 个合作社,以缴纳会费的形式确定与合作社的联盟关系,并从合作社获得自己需要的帮助和服务,使自己的利益得到有效的保护。②

　　合作社是牛奶价值链的核心和主导者。从荷兰牛奶业发展的历史来看,合作社在其中起了决定性的作用,结束了市场混乱无序的状态,实现了市场的

————————

　　① 侯淑霞:《乳品产业链纵向组织关系研究》,华中农业大学博士学位论文,2007 年,第 51 页。

　　② 刘黎:《荷兰的农业知识普及网络和农业合作组织》,《政策》2007 年第 10 期。

有序发展。与其他国家相比,荷兰的牛奶合作社非常强大。为了维护和实现
自身的利益,奶农自愿入股联合组成了合作社,有效地提高了其市场竞争力。
按其主要业务来划分,荷兰的牛奶合作社主要有四种类型:一是供应合作社
(采购供销合作社),主要为养殖农场提供生产资料、设备等的联合批量采购
和统一供应服务。二是加工合作社,主要对养殖农场所生产的牛奶进行初加
工和精深加工。三是信贷合作社,主要为养殖农场购买生产资料、更新设备、
发展生产等提供各种信贷服务。此种合作社隶属于农民自己的合作银行——
荷兰拉博银行(中央农业合作银行),对支持农民扩大生产、更新设备发挥了
重要的作用,是养殖农场扩大经营规模的金融后盾。四是服务合作社,主要为
养殖农场提供不同类型的服务,如互助保险、奶牛登记注册和存档、奶牛配种、
疾病防治防疫、奶牛保健、技术咨询和管理辅导等专业化的农业生产性服务。
荷兰有多种农业合作社,大体上可分为信用合作社、供应合作社、农产品加
工合作社、销售合作社、服务合作社等。荷兰的第一家合作社是 1874 年成
立的消费合作社,第一个采购合作社成立于 1877 年,而第一个牧业合作社
和第一个信用合作社先后成立于 1886 年和 1896 年。此后,荷兰的合作社
由小到大、由分散到集中、由综合到专业,日益成为荷兰农业社会化服务体
系中最重要的组成部分。① 随着市场竞争的加剧,小型合作社被兼并,出现
了一些大型合作社,菲仕兰·坎皮纳乳业合作社就是其中最著名的大型合
作社。

公司是牛奶价值链的重要依托。荷兰的奶牛合作社普遍成立公司进行原
奶的深加工、销售等,出现了合作社公司化。一是合作社独自投资设立公司。
合作社利用自有资金和银行贷款投资设立股份 100% 由社员家庭牧场拥有的
公司。二是合作设立公司。合作社吸纳外部社会资本联合设立公司,但合作
社保持控股和主导地位,保证具有合作社性质。菲仕兰·坎皮纳乳业合作社

① 肖卫东、杜志雄:《家庭农场发展的荷兰样本:经营特征与制度实践》,《中国农村经济》
2015 年第 2 期。

独自设立的皇家菲仕兰·坎皮纳乳业公司(Royal Friesl and Campina N.V.)由
9个奶农创建于1871年,迄今已有140多年的历史,是全球排名第六的乳制
品公司。2015年,该公司收入113亿欧元,净利润3.4亿欧元。公司的全部
股权为菲仕兰·坎皮纳乳业合作社社员家庭牧场所有。公司负责鲜奶的商业
化运作:收购社员家庭牧场生产的全部鲜奶,将其加工成各类乳制品销往国内
外市场;延伸鲜奶产业链以提高加工、销售等环节的附加价值;根据价值链价
值增值情况向社员家庭牧场分派红利。如图4-3所示,在牛奶价值链中,家
庭牧场主不仅拥有自己的家庭牧场,还通过组织菲仕兰·坎皮纳乳业合作社,
成为菲仕兰·坎皮纳乳业公司的股东。① 奶牛家庭牧场主成为整个牛奶价值
链的主人,实现了其经济利益的最大化。

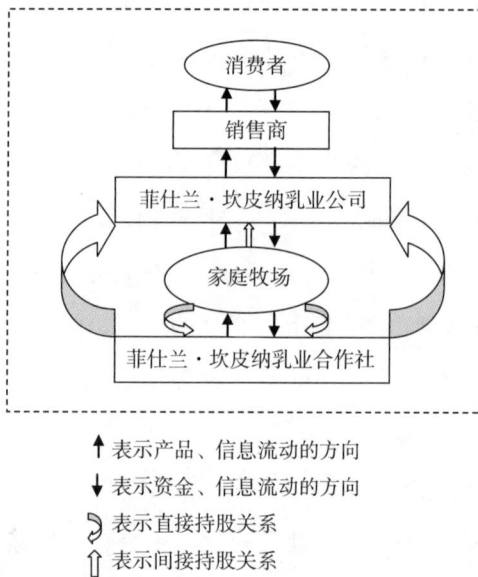

↑ 表示产品、信息流动的方向
↓ 表示资金、信息流动的方向
⌡ 表示直接持股关系
⇑ 表示间接持股关系

图4-3 菲仕兰·坎皮纳乳业合作社主导的牛奶价值链

奶牛家庭牧场之所以有参与牛奶价值链的动力,是因为其可以获得稳定

---

① 肖卫东、杜志雄:《家庭农场发展的荷兰样本:经营特征与制度实践》,《中国农村经济》
2015年第2期。

的、预期的经济利益。家庭牧场加入合作社可使其收入获得制度保障,主要体现在两个方面:一是鲜奶销售的收入。据统计,2001—2010 年,菲仕兰·坎皮纳乳业公司有 9 年以高于市场价格的价格收购社员奶牛家庭牧场的鲜奶,平均每年的收购价格高于市场价格 2%,社员家庭牧场的主营业务利润也因此提高了 10%—15%。① 二是牛奶价值增值的回报和分享。除加入合作社和成为公司股东的现金分红、债券分红和债券利息等,家庭牧场还可以分享到乳制品加工、批发、销售环节的工业和商业利润。例如,2012 年菲仕兰·坎皮纳乳业公司全球销售收入 103 亿欧元,净利润 2.74 亿欧元,该公司净利润的 50%通过合作社分配给 1.9 万余家社员奶牛家庭牧场。其中,30%以现金分红和债券分红的形式按社员家庭牧场对公司的牛奶供应比例发放,20%以债券利息的形式发放。②

　　另外,在荷兰乳业的发展中,商品协会和行业协会具有不可替代的重要作用。

　　据研究资料显示,在荷兰整个牛奶价值链中,牛奶生产、加工和销售环节的利润之比通常为 1∶3.5∶5.5。③ 显然,家庭牧场生产原奶所获得的利润非常少,只有通过组织合作社,自建乳品公司和掌握销售渠道,才能分享价值链下游丰厚的利润。显然,这是荷兰家庭牧场组建合作社、实现价值链一体化经营的根本动力。

二、家庭牧场参与牛奶价值链融资分析

　　荷兰牛奶价值链的发展为家庭牧场参与价值链融资提供了基础。作为价值链主导和核心的合作社汇集了所有家庭牧场的力量,并作为社员的代言人

---

　　① 嵇晓雄:《中国乳业能向荷兰学点啥》,光明网光明经济栏目(http://economy.gmw.cn),2013 年 11 月 18 日。
　　② 肖卫东、杜志雄:《家庭农场发展的荷兰样本:经营特征与制度实践》,《中国农村经济》2015 年第 2 期。
　　③ 嵇晓雄:《中国乳业能向荷兰学点啥》,光明网光明经济栏目(http://economy.gmw.cn),2013 年 11 月 18 日。

确保家庭牧场在牛奶价值链中处于更加有利的位置。正是依靠合作的力量，家庭牧场才可以安心集中力量生产鲜奶，也才能更多地分享价值增值，分散的家庭牧场才能够实现自身的组织化，随之也增强了市场力量和谈判能力，从而更好地实现分散化的小家庭牧场与社会化的大市场对接。特别是家庭牧场的融资问题依托价值链得到了很好的解决。

如图 4-4 所示，家庭牧场可以获得价值链外部融资和内部融资。就家庭牧场参与牛奶价值链外部融资而言，主要依托荷兰结构完善的农业贷款机构与数量庞大的农业发展和改组基金、农业贷款担保基金。农业贷款机构主要是荷兰合作银行（Rabobank Netherland），又称拉博银行、中央合作银行。[①] 荷兰合作银行作为一家农村合作金融机构，是农民自己的银行，主要从事农业、食品工业等行业的金融交易，已经从荷兰国内地方性的金融机构发展成为全能型的、国际知名的跨国金融机构。荷兰合作银行 1864 年在合作制的基础上创立。到 1886 年，荷兰各地建立了地方信贷合作社。1898 年，为了促进地方农村合作银行之间的相互合作，加强对地方农村合作银行的监管，荷兰建立了两家中央合作银行，分别为赖夫费森（Raiffeisen）中央合作银行和博伦林（Boerenleen）中央合作银行。1972 年这两家中央合作银行合并，成立了统一的中央合作银行。1980 年统一的中央合作银行取名为"荷兰合作银行"。[②] 可见，荷兰合作银行具有信贷合作社的性质。目前，荷兰合作银行拥有荷兰最广泛的银行网络，包括 550 多家独立的地方合作银行、多家合作性的保险公司和专门的金融分公司，其业务范围除了为家庭牧场提供贷款外，已经扩展到为合作社、农业企业等提供金融服务，并积极开拓海外业务。荷兰合作银行致力于在农业和食品领域帮助家庭牧场进行农业投资、扩大经营规模，为全国家庭牧场主提供了 90%

---

① 2006 年 7 月，荷兰合作银行与国际金融公司入股杭州联合银行，分别持有杭州联合银行 10%和 5%的股份，这是外资首次进入中国的农村合作银行。

② 肖卫东、杜志雄：《家庭农场发展的荷兰样本：经营特征与制度实践》，《中国农村经济》2015 年第 2 期。

的农业贷款。① 据荷兰合作银行年报显示,2008 年,荷兰合作银行食品贷款以及农业贷款约为 683 亿欧元,其中奶制品业贷款达 116 亿欧元,占比为 17%。

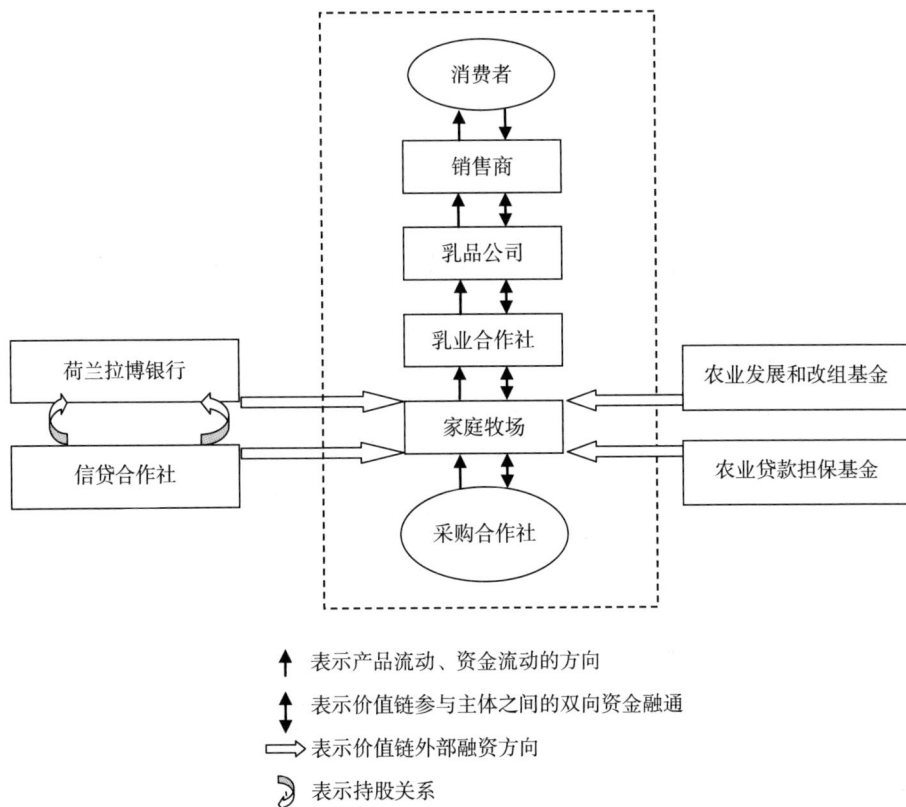

图 4-4　家庭牧场参与牛奶价值链融资

荷兰合作银行的全部资产归成员行(地方信贷合作社)共同所有,由 248 家成员行自下而上参股,248 家成员行又有 150 多万个会员,从而形成两级合作制银行框架下独特的资金安排、组织架构、公司治理和风险控制机制,建立了科学的合作银行组织体系。具有独立法人地位的地方信贷合作社的主要业

---

① 肖卫东、杜志雄:《家庭农场发展的荷兰样本:经营特征与制度实践》,《中国农村经济》 2015 年第 2 期。

务是为家庭牧场、合作社、农产品加工等提供信贷服务,荷兰农业合作组织接受的贷款有90%以上来自荷兰合作银行的成员行,成员行85%的贷款流向农业领域。当然,地方信贷合作社也可以适当兼顾非农领域。[①]

政府创立的基金也为家庭牧场提供了良好的外部融资。荷兰1951年设立了农业贷款担保基金,其设立之初的目标是帮助家庭牧场更好、更快、更多地获得合作银行的信贷资金,从而帮助其提高生产率和利润率。20世纪90年代后期以来,农业贷款担保基金的目标也在不断扩展,大量担保基金开始用于帮助家庭牧场改善工作条件、维护和改善农业生态环境、更新农机和农用设备等。目前,每年该担保基金的规模都达1亿欧元,所担保的农业信贷金额达5亿欧元,占家庭牧场农业投资的10%。[②] 1963年设立了农业发展和改组基金,其在设立之初的重点是帮助家庭牧场制订发展计划、改善经营结构、购买现代化农用装备等;但自1997年以来,该基金支持的重点转向帮助家庭牧场增强市场竞争力。提供贷款利息补贴是该基金的一种运作方式,1985年该基金提供的利息补贴额占基金总额的25%,所补贴的贷款总额高达40亿荷兰盾。[③]

同时,价值链外的市场主体,包括但不限于合作社也能够为家庭牧场提供融资。如服务合作社向奶牛家庭牧场提供奶牛注册、奶牛配种、疾病防疫、技术咨询等服务,也允许牧场主延期支付费用,这事实上是为奶牛家庭牧场提供融资。

就家庭牧场参与牛奶价值链内部融资而言,主要依托采购合作社、加工合作社、乳业公司等。采购合作社向奶牛家庭牧场提供饲料、设备、兽药等,允许牧场主赊销延期支付费用,加工合作社(公司)向奶牛家庭牧场提前支付订金或预付款等,这些行为事实上类似于向奶牛家庭牧场提供融资。之所以价值链内的主体能够提供这种支持,是因为奶牛家庭牧场已经被纳入牛奶价值链

---

① 张明莉:《荷兰合作银行:合作制胜》,《银行家》2006年第8期。
② 肖卫东、杜志雄:《家庭农场发展的荷兰样本:经营特征与制度实践》,《中国农村经济》2015年第2期。
③ 肖卫东、杜志雄:《家庭农场发展的荷兰样本:经营特征与制度实践》,《中国农村经济》2015年第2期。

中,奶牛家庭牧场的未来预期收益是乐观的和可实现的。

需要说明的是,菲仕兰·坎皮纳乳业合作社的社员家庭牧场参与牛奶价值链融资的原理与前面的分析大致相同。在菲仕兰·坎皮纳乳业合作社主导的牛奶价值链中,菲仕兰·坎皮纳乳业合作社作为奶牛家庭牧场主自己的组织,它相当于采购合作社、服务合作社、信贷合作社的集合,是综合性合作社,最主要的业务活动是为社员家庭牧场提供设备安装、种牛、饲料、防疫、贷款、保险、管理、技术指导等生产性服务。这样家庭牧场的主要融资活动是在价值链内部的合作社和公司中进行,外部融资来源于农业贷款担保基金、农业发展和改组基金。如此,社员家庭牧场的融资需求就得到了很好地满足。

总之,依托牛奶价值链,家庭牧场得到了价值链外金融主体和相关市场主体以及价值链内参与主体的赊销、预付款等资金的支持,确保了家庭牧场在发展中没有融资之忧,实现了健康可持续发展。

三、家庭牧场参与价值链融资的信用成本分析

从前面分析的家庭牧场参与牛奶价值链融资的基本情况来看,不管是荷兰合作银行特别是其成员行(地方信贷合作社),以及农业贷款担保基金、农业发展和改组基金作为外部金融机构为家庭牧场提供信贷资金,还是价值链参与主体[采购合作社与加工合作社(公司)]向家庭牧场提供赊销、预付款等,都是基于家庭牧场参与到牛奶价值链中的。根据理论部分的分析,笔者重点关注家庭牧场外部融资的交易成本构成,从资金供给者角度来看,融资的交易成本(信用成本)用公式可表示为:信用成本=信息成本+签约成本+监督成本+风险成本。

(一)信息成本

在荷兰,从事奶牛养殖与其说是一种谋生的手段,倒不如说是一种生活方式和精神追求。很多家庭牧场都是祖祖辈辈一代一代传下来的,养殖奶牛一

般可使家庭经济收入达到中上阶层,甚至富裕阶层。因此,家庭牧场主的素质、经营能力、规范化程度、养殖规模、盈利能力、信用记录、经济实力、财务状况等信息,在交易前都会较为容易地被资金供给者获取。资金供给者整理、研究这些信息的成本也较为低廉。在信贷交易发生之后,资金供给者要关注、监督家庭牧场的资金利用效率高低、经营活动的盈利程度、产品市场需求及价格等等。家庭牧场被纳入到价值链中,其生产经营行为受到了严格的约束,信息较为透明,未来预期良好,因而不再需要实地调查或委托第三方机构获取信息,大大降低了信息成本。

(二) 签约成本

荷兰作为发达的农业强国,其现代农业发展达到了世界领先水平。与之相匹配的是,包括家庭牧场主在内的农业从业者的契约意识强、信用程度高。资金供给者与奶牛家庭牧场主就资金的价格、额度、支付时间等达成信贷交易,进行议价、谈判、协商、签订合同等产生的成本较低。从资金供给者来看,每个家庭牧场都加入了信贷合作社,合作社由全体家庭牧场主所有,信贷合作社作为非盈利的社团组织,重点关注为家庭牧场提供金融服务的效果,因此,其支付的资金价格比较合理、贷款额度比较适宜。同时,家庭牧场作为信贷合作社的社员,也会分享信贷合作社的盈余。显然,作为信贷交易的双方,其各自利益及交易条件在某种程度上是一致而非对立的。价值链融资将家庭牧场纳入到价值链系统来进行融资,一定程度上提高了家庭牧场的组织化程度,使其在合同签订中处于相对公平的有利地位。资金供给者与较大数量的家庭牧场作为一个整体进行谈判、签约,将大大降低和减少签约成本,使得双方能够达成各自满意的交易条件,签订合同进而实现"双赢"。

(三) 监督成本

荷兰奶牛养殖业非常发达,专业化、自动化程度高。养殖牧场建设、设备购置、牧草种植、奶牛饲养、防疫保健、原奶运输等工作,都由专业化的机构来完成,如家庭牧场参加的合作社。家庭牧场主的主要职责不是亲自劳动,更多的是将这些社会化服务整合起来为养殖奶牛服务。由于家庭牧场获得贷款的用途、使用情况等信息涉及相关主体,资金供给者进行监督将变得更为便捷。尽管也需要对家庭牧场主进行监督从而保证资金的用途以及及时收回贷款本息,但是监督的成本会大大降低。特别需要强调的是,道德风险根源于资金供给者与需求者自身利益的不一致性,而家庭牧场与资金供给者因为都被纳入到价值链体系中,两者的利益一致,一方利益受损,另一方利益也将同样受损。显然,双方利益的一致性使得牛奶价值链内在的约束机制发挥了作用,保证了监督成本的降低。另外,在发达的奶业市场体系中,家庭牧场发生道德风险的成本十分巨大,除非家庭牧场主准备退出该市场,否则今后很难在这一行业持续经营。

(四) 风险成本

奶牛家庭牧场的养殖活动存在一定的经营风险,资金供给者需要为预防风险事故和控制风险支付相应的成本。这些成本主要有:一是信用风险成本,主要是家庭牧场的主观故意违约事件所引发的成本;二是市场风险成本,主要是家庭牧场的客观经营不善所引发的成本。一般来说,家庭牧场主在长期的市场经济历练中,已经认识到信用比金钱更重要,极少出现有偿付能力但有意不按时偿还或将回笼资金挪作他用难以收回等行为。退一步讲即使出现了这种现象,也可以通过完善的诉讼系统维护自身的合法权益。家庭牧场参与牛奶价值链融资的通常做法是:资金供给者要求家庭牧场在指定信贷合作社开设专门账户,其下游的价值链参与主体与其进行商品交易后的资金结算直接通过信贷合作社进行并将销售收入转入专门账户,优先用于偿还贷款本息,有效地降低了信用风险成本。家庭牧场的经营活动一般是在合作社等机构的指导下进行的,其早已超越传统小农的自然经济状态,走向专业化的市场经济。

作为牛奶价值链中的重要参与主体的家庭牧场以集体的力量进行经营,其经营风险通过价值链得以缓解和消除。当然,为防范自然风险,家庭牧场应参加农业互助合作保险。这样即使遭遇较为严重的自然灾害,家庭牧场也不至于损失惨重,如此自然风险得到了较好控制。可见,家庭牧场参与牛奶价值链融资能够有效降低风险成本。

另外,菲仕兰·坎皮纳乳业合作社的社员家庭牧场参与牛奶价值链融资的交易成本将更为低廉。在菲仕兰·坎皮纳乳业合作社这一综合性合作社主导的牛奶价值链中,社员家庭牧场所有生产经营活动几乎都在合作社内部进行,信息成本、签约成本、监督成本、风险成本等信用成本比普通的牛奶价值链低,保证了社员家庭牧场融资需求得到更好满足。

总之,牛奶价值链参与主体通过价值链将生产资料供应、奶牛养殖、原奶加工、深加工和销售等环节连接成为一个系统,在价值链内部形成了一个信息网络系统,这些信息不仅在价值链参与主体内部流动,而且也能够从整体上与外部的金融机构等进行一定程度的共享。特别是能够将分散的家庭牧场的零星化、碎片化信息进行汇总,将信贷交易与商品交易结合在一起,实现了信息、产品的双向流动和共享,一定程度上有效地解决了信息不对称问题。

第三节　国外价值链融资及其信用成本的比较分析

前面两节对日本农户、荷兰家庭农场参与农业价值链融资的信用成本进行了分析。本节将对两者进行比较分析,主要关注相同点。

一、内部融资和外部融资相结合

日本农户和荷兰家庭农场的融资主要依托农业价值链来进行,并有效实现了内部融资和外部融资的有机结合。日本农协已经形成了比较完整的组织

体系,即基层农协—都道府县联合会—全国联合会的三级体系。与农协组织
体系相对应,日本农协的金融组织分信用组织体系、保险组织体系并各有三个
层次。从基层农协的信用部到都道府县农业信用联合会,再到农林中央金库
形成了完整的体系。农户的融资主要是在农协内部,依托农协主导的农业价
值链进行。就内部融资而言,农协自身的供应、生产、加工等活动都可以直接
为农户提供赊销、预付款等形式的融资支持。同时,农协的信用部可以直接为
农户提供资金服务,农户所需资金的绝大多数来源于农协。就外部融资而言,
一是政府的政策性农业贷款,主要用于农业基础设施建设等方面。通常,这些
贷款是由政府委托农协进行发放的,与此同时,农协还负责为农户办理国家对
政策性农业贷款的补助金和利息补贴。二是商业性金融机构。地方银行甚至
大商业银行为了拓展生存和发展空间也开始面向农户进行贷款。这些贷款也
是立足于农户作为农协的社员,其生产经营活动被纳入农协主导的农业价值
链中。显然,农户的内部融资和外部融资都是依托农业价值链进行的,两者有
效地结合在一起。

荷兰牛奶价值链的发展为家庭牧场参与价值链融资提供了基础。就内部
融资而言,主要依托采购合作社、加工合作社、乳业公司等主体通过赊销延期
支付费用、提前支付订金或预付款等向家庭牧场提供融资。就外部融资而言,
主要依托荷兰合作银行与政府创立的农业贷款担保基金、农业发展和改组基
金,同时,部分依托价值链外的市场主体。这些价值链内外的主体之所以能够
为家庭牧场提供融资支持,是因为家庭牧场已经被纳入到牛奶价值链中,家庭
牧场的未来发展预期乐观。依托牛奶价值链,家庭牧场的融资需求得到了价
值链外金融主体和相关市场主体以及价值链内参与主体的资金支持。农业价
值链内部融资和外部融资结合起来共同服务于家庭牧场。

总之,合作社主导的农业价值链将内部融资和外部融资有效结合起来,解
决了农业融资难问题。可见,农业融资难的问题单独依靠外部融资是不可能
解决的,它需要内部融资的支持和补充,两者缺一不可。

二、融资的交易成本较低

农业价值链融资的交易成本分析可以从两个视角进行：一是价值链融资如何降低交易成本。日本农协的农户融资之所以能够顺利进行，是因为一个或多个农协所构建的农业价值链天然具有解决农户融资难的特性。显然，这是由于社员农户参与农业价值链融资大大减少了资金供给者与资金需求者之间的交易成本。对于农协主导的农业价值链融资如何减少交易成本，可以从交易的频率、交易的不确定性、资产专用性三个方面进行分析。日本农户参与农业价值链融资具有独特的优势，其有效地降低了交易成本。可见，农业价值链融资可以成为解决农户融资难的有效途径。

二是价值链融资的交易成本构成。荷兰家庭牧场参与牛奶价值链融资的成效显著，从资金供给者角度来看，家庭牧场外部融资的交易成本得到了极大的降低。这些融资的交易成本主要有信息成本、签约成本、监督成本、风险成本等。特别是在菲仕兰·坎皮纳乳业合作社主导的牛奶价值链中，社员家庭牧场所有生产经营活动几乎都在合作社内部进行，其信息成本、签约成本、监督成本、风险成本等交易成本相比普通的牛奶价值链得到极大降低。总之，牛奶价值链将信贷交易与商品交易结合在一起，实现了资金、商品、信息的双向流动和共享，一定程度上有效地解决了信息不对称问题，交易成本自然降低。

三、农业合作社主导价值链

不管是日本农户还是荷兰家庭农场参与的价值链融资，农业合作社在其中都发挥着重要的作用。一定程度上，可以说是农业合作社主导了整个价值链。因此，发展合作社成为解决农业融资难的重要依托。荷兰的农业合作社发展历史较为悠久，供应合作社、加工合作社、销售合作社、信用合作社、服务合作社发展较为成熟，其专业化程度非常高，有效地解决了农业生产经营面临的各种问题。特别是在农业合作社的基础上，由社员出资、合作社拥有100%

股权的下游公司的发展,实现了社员对农产品深加工的利润分享,确保了农业价值链较为稳定,并较好解决了农业融资难问题。荷兰的菲仕兰·坎皮纳乳业合作社是菲仕兰·坎皮纳公司的老板和股东,菲仕兰·坎皮纳公司为合作社服务。在合作社的主导下,菲仕兰·坎皮纳公司利润中的35%作为奖励发给会员奶农,20%以固定利率债券的形式发给奶农,剩余的45%作为发展资金。显然,合作社主导了牛奶价值链,保障了社员家庭牧场获得足够的利润分享和回报。与此类似,尽管日本的农业合作社发展的历史不长,但其结合本国实际发展起来的农协制度,也一定程度上主导了农业价值链,解决了农户的融资难问题。日本的综合农协具有强大的资源整合能力,尤其是对各种农业生产要素的有效利用,保证了资金等及时投入到农业生产经营中。农协的服务范围涵盖了广义的农业生产全过程,几乎解决了农户生产经营活动中的所有问题,特别是农户融资难和来自市场竞争的风险等。

可见,农业合作社主导了农业价值链,并进而通过农业价值链解决农业融资难问题。因此,要解决农业、农户融资难问题必须发展农业合作社。从日本、荷兰的情况来看,农业合作社是以互助合作为基础,为农户社员提供供应、信用、保险、加工、销售、技术指导与推广、文化教育与社会保障等多类型的专业性、综合性服务的基层农民合作组织。这就决定了农业合作社不是一般社团法领域的私法人,而应是公法人社团。日本的《农业协同组合法》规定农协开展业务的目的是为社员服务,不得以盈利作为目标,其业务范围包括:信贷,储蓄,保险,物资供应,共同设施建设,社员生产的产品的搬运、仓储、运输、加工、销售,技术推广和经营指导,社会教育、社会保障和社会福利等。法律对农业合作社的地位、政府财政支持政策以及税收减免政策等作出明确的规定。农业合作社接受国家委托,在政府这个公法人权力之外代行保障和维护农民权益的公共权力。作为公法人社团,农业合作社是政府所有涉农政策的履行者,一切重要规则均需依法制定或修改。另外,围绕农协、农业问题制定的一系列涉农法律法规,为农协发展和农业政策的连续性奠基和固本。这些法律法规明确规定任何个人或集体都无权干预农协的正常经营,由此农协的规范发展、自主经营得到保障。法律法规也对农协的治理结构进行规范,明确理事会、监事会、社员大会、经理人员等的权力和义务,以便在农协内部形成良好的权力运行及制衡机制。

　　以上三个方面大致总结了日本农户、荷兰家庭农场参与农业价值链融资及其信用成本的相似性,这是笔者关注的重点。通过本章的分析,显而易见的是:依托农业合作社主导的农业价值链进行内部融资和外部融资,使得农户、家庭农场的融资需求得到了满足。

第五章　农户参与农业价值链
融资的效果分析

——以怀远县石榴种植户参与融资的效果为例

在工商业领域取得的重大成功使得价值链融资逐渐受到发展中国家的广泛关注(鲁道夫·奎尔斯,2010;程恩江,2013)。与传统正规(银行)信贷相比,农业价值链融资通过建立贸易与信贷互联机制,有效解决了传统金融难以忽略的抵押资产不足、担保难以落实、信用基础不完善等问题,能够极大地降低信贷交易费用、信用成本,帮助农户以较低的成本获得针对性较强的生产性资金支持,解决生产性投入资金不足的问题,从而控制信贷违约问题(Morduch, 1999;皮尔斯,2003;于华江,2006;余丽燕,2007)。同时,农业价值链融资提供方可以借助产品交易和金融服务的互联,解决农户的生产性资金缺乏问题。[1] 面对广大农村地区的信贷配给现象,农业价值链上的主要参与主体以及一些国际捐赠机构的工作人员发现,农产品的购买者、加工者及投入品供应商与农产品生产者之间的互联信贷交易可以作为金融中介的一种实际替代,这种制度安排有时称之为"供应链金融"或者"价值链融资"(美国国际开发援助署, 2006)。国内外的实践表明,农业价值链融资已经成为解决农户农业融资难

---

① 董翀、钟真、孔祥智:《农民合作社提供价值链融资的效果研究——来自全国百余个农民合作社的证据》,《中国延安干部学院学报》2015年第6期。

题的重要措施之一。本章以安徽省怀远县石榴价值链融资为例,实证分析融资的效果。

第一节　农户参与农业价值链融资效果的理论分析

国外研究表明:农户或小生产者参与农业价值链融资能够获得较为有利的回报。事实上,农户参与农业价值链融资被纳入一个系统之中,完全摆脱了分散的、孤立的、边缘化的小农地位,作为数量众多的农户所形成利益密切相关的整体的一个分子,其融资需求及其他服务需求由价值链主导者直接或间接提供,保证了能够获得农产品价值增值和利润分享。显然,农户参与农业价值链融资的效果是明显的。

一、交易市场内部化

农户参与农业价值链融资能够将价值链的产品交易和金融交易内化在价值链系统内部,实现了交易市场内部化,由此获得的价值增值就不会出现外溢,而是在价值链参与主体之间分享。农户在直接面对社会化大市场时,不可能获得农产品加工、深加工的价值增值后的分享,收益难以提高。农业价值链核心企业如加工企业或销售企业等通过价值链的方式将农户和合作社紧密地联系起来,企业和农户以及合作社签订订单,将原本的市场交易转变成价值链上的内部交易。企业与合作社共同向农户提供生产资料以及技术支持,对成熟的农产品根据订单收购,避免了其他交易成本,如农户需要承担的运输费用、市场销售风险等,也减少了农户在市场中寻找销售对象以及讨价还价等成本,提高了产销一体化的效率。价值链上各参与主体得到了实实在在的好处,不仅解决了农户融资难问题,还解决了农户销售等关键问题,促进了农户收入的增加。

在这种交易市场内部化中,农户获得的资金支持可以来自于价值链参与主体,如合作社、加工商等。其中,加工商等企业一般不直接向农户提供融资,多是由其直接向合作社贷款,由合作社向农户发放资金。这种价值链内部融资大大拓展了资金来源方式。特别是这种融资长期稳定且时效快,避免了传统信贷融资部门审批慢、手续繁杂的缺点,有效降低了信用成本。农户获得的资金支持还可以来源于外部金融机构,一般需要合作社等价值链参与主体为其提供贷款担保,金融机构根据价值链运行情况以及参与主体的担保向农户提供融资支持。农户作为资金需求者是价值链的参与主体,金融机构放贷的信用成本大大降低。

二、农产品一体化经营

农业价值链改变了农户传统的生产经营方式,实现了农产品一体化经营。传统小农一般自种自卖,在满足自身温饱的同时将多出的部分拿到市场上销售。个别农户生产规模较大,但因运营模式相对独立,不能与其他环节很好地联结。而加工企业对市场上各种品级的农产品进行加工、再销售,在追求自身效益最大化的同时,却忽略了合作。农产品生产以及销售仍然存在各主体联系不紧密、单个农户小规模的分散生产等问题。这种分散的生产方式以及原始低效的管理方式,加剧了信息不对称问题,对市场状况不能很好地评估。而农业价值链将农户、合作社以及加工企业等联结起来,形成特定的农业价值链,共同分享市场信息,共同承担风险,使得农户这样的薄弱群体在企业和合作社的带领下获得更大的利益。农业价值链从选择生产原料,到生产种植以及其中的技术培训、品质控制,再到农产品统一收购加工以及统一售卖,保证了农产品市场的供应,也维持了农产品的稳定生产,实现了农产品的产加销一体化,保障了农户的利益,促进农民收入不断增加。

农业价值链实现了农产品一体化经营,提升了农村一二三产业融合纵向一体化的水平。农户、小规模生产者被纳入价值链系统,其生产经营完全根据市场需求来进行,逐渐形成稳定的农产品生产供应基地。农产品加工、精加工技术得到提升,对市场需求有了更准确地认识和把握,企业实现价值增值能力提高。显然,农产品一体化经营促进了一二三产业融合,提升了纵向一体化水平。农户在农业价值链中的融资需求是基于农产品一体化经营和产业融合纵向一体化提出的,其资金供给者也依赖于这种一体化提供资金。这样,资金需求与资金供给基于农业价值链能够精准对接,信息较为完备、透明,信用成本得到大大降低。

第二节 石榴价值链与石榴价值链融资分析

安徽省怀远县地处皖北,居淮河中游,盛产优质糯稻、小麦、蔬菜等,其中,"怀远石榴"是国家地理标志保护产品。怀远石榴的栽培历史悠久,品质优异,作为一大特产远在唐代就驰名大江南北,到了清代更是因为在正史有记载而声名日隆。怀远石榴生长的荆山、涂山拥有适宜的光照、温度和土壤,形成了艳丽的果皮、端正的果形、晶莹剔透的籽粒;其甜而不腻、涩而不苦的佳美风味更是区别于其他地区的石榴。怀远县政府正在按照农业产业化发展的理念大力扶持石榴产业,力图改变石榴品牌市场影响力大但市场占有率在国内仅为10%的尴尬局面。推动石榴价值链发展成为当务之急,不仅要将石榴作为优质的原产地保护水果进行销售,而且要加大石榴深加工、精加工的力度,发展高档石榴酒等品牌产品,将"怀远石榴"品牌推向全国。特别是让石榴种植户和石榴加工企业等得到切实利益,加快传统农业产业的改革步伐,实现石榴产业现代化。

一、石榴价值链概况

怀远县荆涂石榴专业合作社是一家由果树专家、石榴生产及销售大户、石榴种植户(简称"农户"、"种植户")等组成的互助性经济组织,拥有社员农户

200余人,石榴栽培面积4000余亩,年产石榴800万公斤;优质、珍品石榴试验、示范基地500亩,年产优质、珍品石榴100万公斤;苗圃园100亩、石榴盆景园50亩、"怀远石榴"标准园516亩;年组织销售石榴果品11000万公斤、苗木50万株,年利润达800万元。荆涂石榴专业合作社主要为社员提供技术培训、果品销售、游园采摘等服务,如石榴优质品种选育,新型、实用栽培技术试验、示范及推广、应用,果品生产技术培训,果品贮藏、保鲜、销售,组织农家乐、石榴游园、采摘等休闲活动,以及各种技术交流等。

石榴价值链是指从投入种苗等供应品种植石榴树开始,到石榴成熟、采摘、运输,乃至加工、销售,直到消费的一系列环节中的价值增值和价值分享活动。石榴价值链重在强调石榴经过精加工、深加工实现价值从生产到消费诸多环节一系列的传递、转移和增值,并最终实现价值分享。石榴价值链的主导者是石榴合作社,石榴合作社是石榴价值链中的核心部分,对价值链上石榴种植户、石榴深加工商、石榴销售商等进行统一管理、一体化运营。石榴合作社还能结合市场,及时了解供需行情,进行批发生产资料、统一销售等,是价值链上的利益获得者。而农户在价值链中充当生产角色,利用已有的生产资料,直接进行生产。由于石榴合作社统一管理并承担主要风险,所以农户不必担心太多风险,是价值链中直接的受益者。此外,价值链中的石榴加工企业和销售商由于获得合作社或者大型石榴种植户的长期订单合同,并不担心每年的货源,也是价值链中的受益者。总的来说,石榴价值链能够实现各个参与主体增值利润的分享和收益更大化,实现了价值链的可持续发展。

二、石榴价值链融资

石榴价值链融资依托石榴价值链将农户、合作社、石榴加工企业等各类参与主体全部纳入融资体系中,为价值链上下游各参与主体提供一揽子的金融服务。根据怀远石榴价值链融资的实际情况,笔者简单通过图5-1来呈现资金供给者与资金需求者之间的交易关系。在石榴价值链融资中,价值链上游的种植户、合作社的资金融通主要发生在价值链内部和价值链外部。一方面，种植户可以获得由石榴合作社进行担保的金融机构的借贷资金，满足融资需求；另一方面，种植户也可以获得合作社为其提供的融资，或者通过合作社获得由加工企业提供的资金支持，加工企业并不直接向种植户提供借贷。

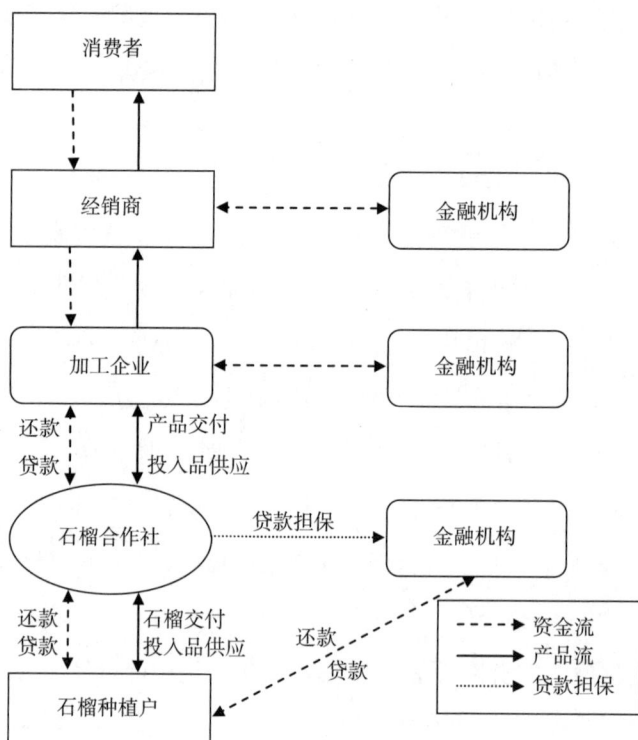

图 5-1　石榴价值链融资

第三节　实证分析

一、数据说明和变量选择

本章利用调研组在 2016 年对安徽怀远石榴种植户实地调研数据，分析农户参与农业价值链融资的效果。调研问卷主要获取石榴种植户的家庭人口特征、收入(种植石榴和其他劳动性收入)、消费支出、资金来源等情况。

　　带着调查问卷和调研计划,调研组走访了怀远县的上洪村、下洪村、杜郢村、涂山村以及白乳泉这五个石榴种植行政村以及石榴专业合作社,通过访谈的方式了解石榴合作社基本运营模式、盈利情况以及政府给予合作社的产业政策支持,收集了荆山石榴专业合作社的相关资料,包括合作社资金互助章程、合作社分红造册发放明细表、合作社工作人员信息名单、合作社注册成员入股清单、专业合作社投放金统计表等。然后,调研组走访了怀远五个行政村的石榴农户,进入农户家中以问卷调查的方式了解农户家庭基本情况、融资情况、每年的收益情况等。调研组共发放了 200 份问卷,收回有效问卷 142 份。

　　本书选取石榴种植户收入 Y_{it} 作为模型 1 的被解释变量,其值为被调查石榴种植户 2014 年和 2015 年的全年收入(pinc)。由于 DID 分析结果的有效性可能受到变量缺失的影响,笔者加入了控制变量 X_{it},包括:家庭受教育状况(edu),度量指标为石榴种植户家庭接受的最高教育程度;乡村干部(leader),度量指标为石榴种植户家庭成员中是否有村干部;家庭劳动力总数(labor),度量指标为石榴种植户家庭劳动力总数;去合作社的频率(frequency),度量指标为石榴种植户办理贷款去合作社的频率。实证分析使用的数据特征如表 5-1 所示:

表 5-1　数据的统计性描述

变量名称	标签	Obs	Mean	Std
农户收入	income	284	7.78	3.61
是否与有关单位签订订单	a34	284	0.08	0.27
家庭劳动力的最高文化程度	a11	282	4.09	1.13
家庭成员是否是干部	a12	284	4.01	0.08
家庭劳动力人数	a16	284	3.77	1.22
办理贷款去合作社的次数	a59	283	1.21	0.50

二、计量模型设定

　　本部分采用 Difference-in-Differences(DID)模型来评价农业价值链融资

对农户收入增长的影响。其基本思路是将调查样本分为两组:一组是受政策变化影响的"处理组",另一组是不受政策变化影响的"对照组"。根据处理组和对照组在参与农业价值链融资前后的相关信息,分别计算处理组与对照组在参与农业价值链融资前后的收入增长量,然后计算上述两个变量的差值(即 DID 估计量,也叫双重差分估计量)。[①]

对于所调研的农户而言,参与农业价值链融资是一个外生的事件,可以视为一个"自然实验",从而可以避免在样本选择时的内生性问题。根据这一点,笔者可以明确参与价值链融资的农户为处理组,没有参与价值链融资的农户为控制组。

建立一个基本的 DID 估计方程:

$$Y_{it} = \beta_0 + \beta_1 D_t + \beta_2 D_t \cdot D_{treat} + \alpha X_{vt} + \varepsilon_{it} \qquad (5-1)$$

其中,Y 表示农户总收入;i 代表农户;t 代表年份;D_{treat} 是虚拟变量,代表农户是否采用价值链融资,如果该农户采用价值链融资,则为 1,否则为 0;D_t 代表时间虚拟变量,采用价值链融资之后为 1,采用价值链融资之前则为 0;X_{vt} 是控制变量,包括家庭劳动力人数、家庭劳动力的最高文化程度等。笔者关心的是交叉项($D_t \cdot D_{treat}$)的回归系数 β_2,它代表处理组和控制组在控制了其他因素后,采用价值链融资后与采用价值链融资前相比,农户收入增长的变化。

第四节　实证结果及分析

一、双重差分估计结果

在考虑多重共线性、异方差和序列相关等问题后,笔者采用 white 稳健性估计,逐步加入控制变量,实证结果如表 5-2 所示。随着控制变量的加入,

---

[①] 胡联、杨龙、王娜:《贫困村互助资金与农民收入增长——基于 5 省 50 个贫困村调查的实证分析》,《统计与信息论坛》2014 年第 10 期。

$D_t \cdot D_{treat}$ 的系数 β_2 的数值比较稳定,而且显著。回归(4)中的 β_2 为 4.033,t 值为 2.617,这说明石榴种植户参与石榴价值链融资增收效果明显。

表 5-2　石榴种植户参与石榴价值链融资收入增长效应的 DID 估计结果

	回归(1)	回归(2)	回归(3)	回归(4)
D_t	-0.462 (-1.074)	-0.465 (-1.084)	-0.465 (-1.082)	-0.468 (-1.087)
D_{treat}	1.151 (1.054)	1.115 (1.025)	1.128 (1.036)	1.231 (1.129)
$D_t \cdot D_{treat}$	4.144*** (2.682)	4.147*** (2.697)	4.147*** (2.693)	4.033*** (2.617)
a11		0.257 (1.405)	0.258 (1.407)	0.266 (1.451)
a12		-3.819 (-1.550)	-3.750 (-1.518)	-3.895 (-1.576)
a16			0.088 (0.515)	0.076 (0.446)
a59				-0.642 (-1.522)
常数项	7.758*** (25.513)	22.041** (2.236)	21.432** (2.156)	22.793** (2.285)
R^2	0.28	0.29	0.295	0.30
N	284	284	284	284

注:括号内为 t 值, * p<0.1, ** p<0.05, *** p<0.01。

二、社会资本对农业价值链融资的收入增长效应的影响

周晔馨(2012)的研究发现,低收入农户社会资本的拥有量和回报率低于高收入农户。① 张建杰(2008)认为社会资本水平较高的农户正规信贷的实际

---

① 周晔馨:《社会资本是穷人的资本吗——基于中国农户收入的经验证据》,《管理世界》2012 年第 7 期。

发生率较高。[①] 所以,拥有社会资本多的农户会更容易获得正规信贷,收入有更多的增长。那么社会资本对石榴价值链融资的收入增长效应也会有同样的影响吗? 为考察社会资本对石榴价值链融资的收入增长效应的影响,笔者设定计量模型:

$$Y_{it} = \beta_0 + \beta_1 D_t + \beta_2 D_{treat} + \beta_3 D_t \cdot D_{treat} +$$
$$\beta_4 D_t \cdot D_{treat} \cdot SCOST + \alpha X_{vt} + \varepsilon_{it} \qquad (5-2)$$

其中,SCOST 是代表农户拥有社会资本量多少的虚拟变量,如果该农户拥有社会资本量多,则为 1;反之,则为 0(具体计算"是否是最大的姓"、"多少亲戚朋友在信用社等银行机构工作"、"多少亲戚朋友在政府部门工作"和"共有几个合得来的亲戚朋友"四个指标,得到综合分)。笔者关心的是交叉项($D_t \cdot D_{treat} \cdot SCOST$)的回归系数 β_4,它代表的是处理组和控制组在控制了其他因素后,社会资本对石榴价值链融资的收入增长效应的影响。估计结果见表 5-3。

表 5-3　社会资本对石榴价值链融资的收入增长效应影响的估计结果

	回归(1)	回归(2)	回归(3)	回归(4)
D_t	−0.462 (−1.078)	−0.465 (−1.098)	−0.465 (−1.105)	−0.458 (−1.086)
D_{treat}	1.151 (1.058)	1.201 (1.119)	1.172 (1.099)	1.309 (1.226)
$D_t \cdot D_{treat}$	3.275** (2.026)	3.533** (2.214)	3.564** (2.247)	3.397** (2.139)
$D_t \cdot D_{treat} \cdot SCOST$	4.778* (1.763)	3.380 (1.244)	3.209 (1.188)	3.341 (1.232)
SCOST		1.398*** (2.795)	1.569*** (3.112)	1.636*** (3.218)
a11		0.253 (1.403)	0.280 (1.559)	0.295 (1.640)

① 张建杰:《农户社会资本及对其信贷行为的影响》,《农业经济问题》2008 年第 9 期。

续表

	回归（1）	回归（2）	回归（3）	回归（4）
a12			−5.068** （−2.069）	−5.220** （−2.129）
a16				0.085 （0.506）
a59				−0.742* （−1.791）
常数项	7.758*** （25.609）	6.442*** （7.969）	26.603*** （2.721）	27.708*** （2.806）
R^2	0.29	0.32	0.33	0.35
N	284	284	284	284

注：括号内为 t 值，* $p<0.1$，** $p<0.05$，*** $p<0.01$。

如表 5-3 所示，$D_t \cdot D_{treat}$ 的系数为正且显著，这说明石榴种植户参与石榴价值链融资增收效果明显。同时，$D_t \cdot D_{treat} \cdot SCOST$ 的系数 β_4 为正但只有回归（1）显著，回归（2）、（3）、（4）都不显著，说明石榴种植户社会资本拥有量对石榴价值链融资的收入增长效应没有显著影响。

周晔馨（2012）和张建杰（2008）等的研究表明，农户社会资本拥有量对于传统的正规信贷是有影响的。但笔者却发现农户社会资本拥有量对农业价值链融资的收入增长效应没有显著影响。笔者认为原因在于农业价值链融资有着与传统正规信贷不同的特点，具体将在本书后续章节进一步分析。

第五节　研究结论

农业价值链融资之所以能够很好发展起来，是因为农户、小规模生产者等不仅能够从中满足资金需求，而且能够获得良好经济效益。在从交易市场内部化和农产品一体化经营两个方面分析农户参与农业价值链融资的效果的基础上，利用对安徽怀远石榴种植户实地调研的数据，采用双重差分

Difference-in-Differences(DID)模型实证分析石榴价值链融资对石榴种植户收入增长的影响。

实证研究结果表明:农户参与农业价值链融资增收效果明显。也就是说,农户通过参与农业价值链被纳入价值链系统后,其生产经营行为发生了很大变化,能够获得更多的农产品加工、销售等价值增值的分享。特别是其融资需求通过价值链融资得到了满足,进一步保障了其生产经营活动的正常开展,为持续获得良好经济效益提供了基础。因此,鼓励和引导更多的农户参与农业价值链,依托农业价值链解决农户融资难等问题,是可行的选择。

同时,实证分析中得出的另一结论是:社会资本拥有量高的农户参与农业价值链融资对其收入增长效应没有显著影响。这在一定程度上说明,拥有高社会资本农户的生产经营活动的正常融资需求可以得到较好满足,或者其自有资金能够满足生产经营的资金需求而不需要外部资金支持。反过来,对拥有低社会资本的农户而言,其自身难以获得外部资金来满足正常生产经营活动的资金需求,或者自有资金不足以支撑这些需求。而拥有低社会资本的农户参与农业价值链、依托农业价值链融资,能够解决其生产经营中的包括融资在内的各类问题,实现其经济效益最大化。参与农业价值链融资相当于提高了农户的社会资本,解决了农户融资难问题。当然,拥有高社会资本的农户参与农业价值链融资也能获得相应的好处,可以分享农产品价值增值的利润,支付的融资成本可能会更低。因此,引导所有农户参与农业价值链十分重要。

总之,农户参与农业价值链融资的增收效果是明显的,农业价值链融资已经成为解决农户融资难题的有效措施。

第六章　价值链外部融资的运行机制及其信用成本分析

——以盱眙县小龙虾价值链融资为例

农业价值链融资将农户、农业企业、农业合作社、金融机构等各类市场主体融为一个整体，是解决农业融资问题的有效途径。从实践来看，"银行+合作社+农户"的价值链外部融资模式能够有效解决农户的融资难问题。本章在实地调研的基础上，深入分析盱眙小龙虾产业价值链外部融资的运行机制及其信用成本，并运用 Probit 模型探究盱眙小龙虾价值链外部融资的影响因素。最后，针对小龙虾养殖户融资中仍存在的问题提出相关建议。

第一节　小龙虾价值链外部融资及其信用成本分析

江苏省盱眙县地处淮河下游、洪泽湖南岸，地理、气候条件非常适合小龙虾生存与繁衍。"盱眙龙虾"已获地理标志产品保护，并获农业部绿色食品认证。据 2015 年中国品牌价值评价信息榜，"盱眙龙虾"品牌价值高达166.8 亿元。

一、小龙虾价值链概况

小龙虾价值链是指小龙虾从"池塘到餐桌"的养殖、加工、销售、消费等过程中的全部经济活动。这些活动涉及小龙虾从养殖到消费的各个环节，相互之间形成较为固定的纽带关系，从而形成了一条较为完整的价值链条。整个过程中，小龙虾的养殖种苗、养殖技术、成品规格、精深加工、物流仓储等都要符合相应标准，确保成品小龙虾的品质达到或高于市场标准。在价值链条中，小龙虾经过养殖、加工、销售等各环节实现一系列的价值传递、转移和增值，最终实现价值链参与主体之间的价值共享。

小龙虾价值链的主导者是合作社，由其将养殖户、经销商、加工企业等纳入到价值链体系之中。合作社是价值链的核心，能够及时了解和掌握市场行情，组织生产资料批发，集中销售，推广养殖技术和疾病防疫，协调运输配送，争取集体利益等。养殖户在价值链中充当生产者角色，利用合作社提供的虾苗、生产资料与技术服务等，进行小龙虾养殖，成品则由合作社实行统一销售。养殖户需要融资时，可以通过合作社进行担保，由金融机构向其直接发放贷款。在整个养殖过程中，养殖户的行为较为单一，直接按照合作社标准进行养殖即可，无需承担太多风险。而合作社则要承担养殖户转移出来的风险。为了更好地防范整个价值链运行的风险，合作社会与销售商或加工企业签订有约束力的稳定契约。而契约既可以保障合作社小龙虾的顺利销售，又可以保证经销商和加工企业货源的稳定。

二、小龙虾价值链外部融资分析

盱眙小龙虾价值链的发展产生了显著的经济效益，价值链参与主体尤其是小龙虾养殖户对于资金的需求不断增加。虽然合作社、经销商和加工企业给养殖户提供了部分资金支持，但仍难以满足养殖户的融资需求。随着小龙虾产业的不断发展和壮大，盱眙县金融机构通过价值链开始参与小龙虾产业的融资活动。

盱眙小龙虾的价值链外部融资模式主要为"金融机构+合作社+养殖户"。合作社作为价值链的主导者,处于核心地位,发挥着协同、统筹和调节等作用。合作社和养殖户签订合同,不仅需要帮助养殖户解决管理生产等问题,还需要解决其融资难题。一方面,只有合作社出面提供担保,金融机构才会向这些养殖户发放贷款;另一方面,合作社掌握着养殖户的详细信息,能够帮助金融机构监督贷款的使用及回收,降低贷款后的道德风险,从而减少金融机构因为信息不对称而可能导致的损失。因此,这种模式可以有效解决养殖户融资难的问题。

图 6-1 显示小龙虾养殖户融资的基本情况。养殖户除了获得内部融资以外,还要依托价值链获得外部金融机构的资金支持。作为外部资金供给者,如果缺少价值链主导者——合作社的担保,金融机构一般不会直接向养殖户

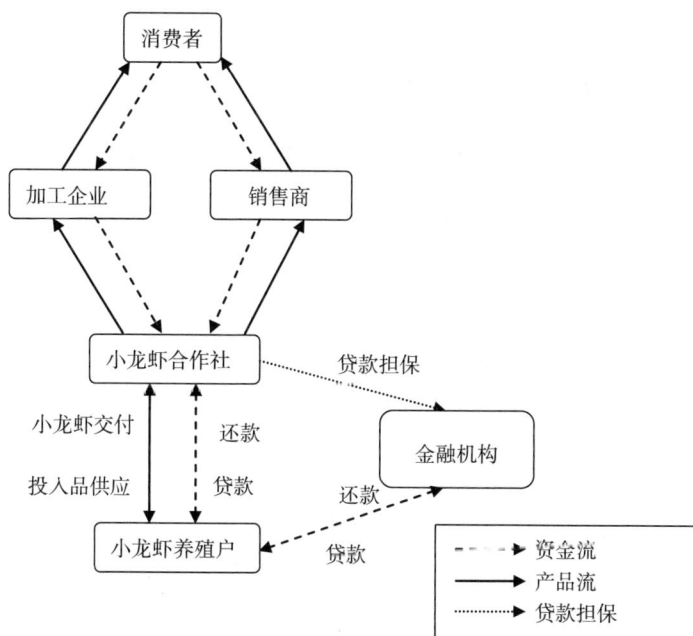

图 6-1　小龙虾养殖户价值链融资

发放贷款。由于小龙虾养殖户已被纳入价值链体系之中,通过合作社出面进行贷款担保,会大大增强金融机构为养殖户发放贷款的意愿。

三、小龙虾养殖户融资的信用成本分析

小龙虾养殖户融资的信用成本包括信息成本、谈判成本、执行监督成本和风险成本,"银行+合作社+养殖户"模式则可以在一定程度上降低这些成本。

(一)信息成本

很多小龙虾养殖户从未有过养殖小龙虾的经历,甚至连任何养殖经验都没有,因而存在较大的养殖风险。此外,养殖户对于小龙虾市场行情的把控往往只能凭借经验,容易出现增产不增收的情形。合作社一般规模较大、资金雄厚,与政府、小龙虾加工或销售企业均保持着密切联系,在上海、南京等大城市也有销售网点,不仅能够对社员进行技术培训,提高其养殖水平,还能提供最新行情信息和分析预测市场前景。一方面,合作社在统一收集市场信息和政府农业政策等方面比单个养殖户更有优势,将这些信息分享给养殖户,可以大大降低养殖风险和市场风险;另一方面,参加合作社的养殖户都经过合作社审批,有良好的信誉或在合作社有抵押物,因而在合作社的统一管理和监督下,外部资金供给者能够有效降低收集养殖户的养殖经历、信用级别等资料的成本。

(二)谈判成本

谈判成本又称为签约成本。一方面,小龙虾养殖户与下游企业在小龙虾的品质等级鉴定和价格等方面存在分歧时,往往处于劣势,谈判签约的能力较弱。但加入合作社后,由合作社统一出面签约,显然可以降低成本。另一方面,外部资金供给者和各个小龙虾养殖户签约需要花费大量的谈判时间和审核时间。合作社掌握了社员的具体信息,能够为金融机构的贷款调查提供便

利,也会减少养殖户反复去银行、长时间等待贷款审批的现象,因而降低了借贷双方的签约成本。

(三) 执行监督成本

小龙虾的品质决定了其销量和价格,单个养殖户往往难以实现小龙虾的标准化养殖,虾的质量也会参差不齐。而为了保证小龙虾的新鲜度,需要控制运输时间,就近或定点交易则成为了最佳选择。一方面,合作社在与养殖户签订生产合同后,会对养殖户进行系统的养殖技能培训,提高他们的养殖水平,并及时把控养殖过程中可能出现的各种疾病;另一方面,合作社的议价能力强,与下游企业能够实现银货两讫。此外,通过与定点企业建立长期合作关系,让企业上门收购,可以保证小龙虾的新鲜程度。通过合作社的统一管理,大大降低了小龙虾在养殖、运输等环节的风险,保证了养殖户的收益。因而"银行+合作社+养殖户"模式可以有效保障养殖户的偿债能力,减少外部信贷供给者对贷款资金使用的监管,进而降低监督成本。

(四) 风险成本

风险成本主要由市场风险成本和信用风险成本组成。从市场风险来看,一方面,小龙虾养殖对于水质、土壤、水处理方法、养殖场的设计等都有较高的要求,如果不能达到标准,一旦出现病虫害,就会导致小龙虾减产,养殖户难以获取预期收入;另一方面,养殖户可能遭遇供大于求带来的销售不畅或价格下跌风险,导致养殖户不能获得预期收益。因此,合作社会统一购买保险,将养殖户可能因市场风险而出现的损失降到最低。由于小龙虾融资以价值链为依托,链条上各个主体之间联系十分紧密,加之合作社会给养殖户带来信用增级,能够减少信用风险,因而"银行+合作社+养殖户"模式有助于降低风险成本。

第二节 变量选取、模型的构建与
样本的统计性描述

　　调研组针对盱眙小龙虾价值链融资的情况进行了问卷调查,主要包括小龙虾养殖户的基本信息、融资状况、价值链融资参与情况以及价值链融资成本等内容。2016 年 7—8 月,调研组走访了盱眙县淮河镇红建村、明祖陵镇沿淮村、盱城镇赵岗村等行政村的小龙虾养殖户,通过访谈并填写调查问卷的方式,了解盱眙小龙虾价值链融资的基本运作模式。调研组共发放了 80 份调查问卷,收回有效问卷 71 份。下面主要分析信用成本对养殖户参与小龙虾产业价值链融资产生的影响。

一、变量选取与模型的构建

(一) 因变量的选取

　　将养殖户是否面临外部融资困难作为因变量(Y),可分为无融资困难、有一定融资困难和融资非常困难三种。因此,养殖户是否面临外部融资困难是三分类离散型变量。申请过金融机构贷款且被批准的案例视作无融资困难,Y 取值为 0;申请过金融机构贷款但未被批准的案例视作有一定融资困难,Y 取值为 1;养殖户多次申请贷款但均被驳回的案例视作融资非常困难,Y 取值为 2。

(二) 自变量的选取

　　根据对养殖户融资困难的原因分析,结合调研数据,本书选取养殖户在融资过程中的四类成本作为自变量进行分析,即信息成本变量、谈判成本变量、执行监督成本变量和风险成本变量,具体选取情况如表 6-1 所示。

表 6-1　自变量选取说明

变量类型	变量名称	取值情况
信息成本变量	之前的养殖经历 X_1	小龙虾、鸡鸭鹅、牛羊猪 = 1；无 = 0
	获取信息困难程度 X_2	很难 = 4；一般 = 3；容易 = 2；非常容易 = 1
	价格波动幅度 X_3	很不稳定 = 3；不太稳定 = 2；比较稳定 = 1
	户主是否参加过养殖技术培训 X_4	是 = 1；否 = 0
谈判成本变量	养殖户与下游企业对小龙虾质量等级认定的差异 X_5	无差异 = 1；有差异 = 0
	价值链中同等级小龙虾销售价格的差异 X_6	较大差异 = 3；有时有差异 = 2；没有差异 = 1
执行监督成本变量	小龙虾等级合格情况 X_7	合格 = 3；一般 = 2；不合格 = 1
	养殖户与下游企业签订生产合同 X_8	签订了书面合同 = 1；其他 = 0
	货款支付方式 X_9	银货两讫 = 1；存在付款时滞 = 0
	运输新鲜小龙虾的困难程度 X_{10}	很难 = 5；较难 = 4；一般 = 3；较容易 = 2；很容易 = 1
	交付小龙虾给指定企业 X_{11}	100% = 4；70%—100% = 3；30%—70% = 2；<30% = 1
风险成本变量	收回货款的不确定性 X_{12}	很低 = 5；比较低 = 4；一般 = 3；比较高 = 2；很高 = 1
	养殖小龙虾预期效益实现情况 X_{13}	亏损 = 4；差 = 3；一般 = 2；良好 = 1
	养殖户是否在指定金融机构开设专门账户 X_{14}	是 = 1；否 = 0

（三）模型的构建

这里采用有序 Probit 模型探究小龙虾养殖户价值链外部融资的影响因素，构建的模型形式为：$Y = f(X_1, X_2, \cdots, X_m)$。

二、样本的统计性描述

从信息成本变量来看(如表6-2所示),小龙虾养殖户中,近半数以前没有过养殖经历(含牛羊猪等牲口和鸡鸭鹅等禽类);由于网络的快速普及和发展,养殖户普遍认为获取信息的难度不大;六成养殖户认为小龙虾的价格波动幅度较为平稳,而其他四成养殖户认为价格波动幅度较大;大多数养殖户未曾参加过小龙虾的养殖技术培训。

表6-2 信息成本变量的样本统计情况

变量	分类	样本数量
之前的养殖经历	小龙虾、牛羊猪等、鸡鸭鹅等	37
	无	34
获取信息困难程度	很难	4
	一般	8
	容易	11
	非常容易	48
价格波动幅度	很不稳定	9
	不太稳定	19
	比较稳定	43
户主是否参加过养殖技术培训	是	30
	否	41

从谈判成本来看(如表6-3所示),多数养殖户认同买方价格,议价能力不强;在小龙虾质量等级认定方面,养殖户与下游企业较为一致;价值链中同等级小龙虾销售价格差异不大;养殖户几乎没有运输成本,都是下游企业或小贩上门收购。

表6-3　谈判成本变量的样本统计情况

变量	分类	样本数量
养殖户与下游企业对小龙虾质量等级认定的差异	无差异	47
	有差异	24
价值链中同等级小龙虾销售价格的差异	有较大差异	0
	有时有差异	33
	没有差异	38

从执行监督成本来看(如表6-4所示),小龙虾的合格率达到100%;绝大多数养殖户都没有与下游企业签订生产合同;贷款的支付方式多是银货两讫;新鲜小龙虾的运输相对容易;小龙虾销售给指定企业的比例不高。

表6-4　执行监督成本变量的样本统计情况

统计特征	分类	样本数量
小龙虾等级合格情况	合格	68
	一般	3
	不合格	0
养殖户与下游企业签订生产合同	签订了书面合同	2
	其他	69
货款支付方式	银货两讫	68
	存在付款时滞	3
运输新鲜小龙虾的困难程度	很容易	55
	较容易	7
	一般	3
	比较难	3
	很难	3
交付小龙虾给指定企业	100%	7
	70%—100%	4
	30%—70%	10
	<30%	50

从风险成本来看(如表6-5所示),养殖小龙虾的疫病风险较小;货款回收的不确定性较低,绝大多数都能收回;小龙虾养殖暂时还没有保险,而螃蟹养殖则有相关保险;养殖小龙虾的预期效益总体较好,六成以上的养殖户效益良好,三成养殖户效益一般,出现亏损的仅有一户;在指定金融机构开设专门账户的养殖户比率较低,仅占12.7%。

表6-5 风险成本变量的样本统计情况

统计特征	分类	样本数量
养殖小龙虾的疫病风险	病死小龙虾数(只)	一般没有,看天气
收回货款的不确定性	很低	64
	比较低	4
	一般	2
	比较高	1
	很高	0
养殖户养殖活动是否参加保险	是	小龙虾养殖未参加相关保险,螃蟹养殖参加相关保险
	否	
养殖小龙虾预期效益实现情况	良好	43
	一般	24
	差	3
	亏损	1
农户是否在指定金融机构开设专门账户	是	9
	否	62

第三节 实证分析

一、变量的统计学特征

本书运用 Eviews 6.0 对小龙虾养殖户的相关调研数据进行有序 Probit 模

型分析,各变量的统计学特征如表6-6所示。

表6-6　各变量的统计学特征

变量	均值	标准差
Y(养殖户融资的难易程度)	0.90	0.61
X_1(之前的养殖经历)	2.55	1.46
X_2(获取信息困难程度)	3.45	0.91
X_3(价格波动幅度)	1.52	0.71
X_4(户主是否参加过小龙虾养殖技术培训)	0.42	0.50
X_5(养殖户与下游企业对小龙虾质量等级认定的差异)	1.37	0.54
X_6(价值链中同等级小龙虾销售价格的差异)	2.54	0.50
X_7(小龙虾等级合格情况)	2.96	0.20
X_8(养殖户与下游企业签订生产合同)	0.01	0.12
X_9(货款支付方式)	1.01	0.12
X_{10}(运输新鲜小龙虾的困难程度)	1.52	0.94
X_{11}(交付小龙虾给指定企业)	3.49	0.91
X_{12}(收回货款的不确定性)	1.10	0.48
X_{13}(养殖小龙虾预期效益实现情况)	1.46	0.65
X_{14}(养殖户是否在指定银行开设专门账户)	1.87	0.34

二、模型结果分析

根据表6-7,可以看出 X_4、X_5、X_8、X_{11}、X_{12}、X_{13}、X_{14} 等变量对小龙虾养殖户融资难易程度影响显著,而 X_1、X_2、X_3、X_6、X_7、X_9、X_{10} 等变量对小龙虾养殖户融资难易程度影响不显著。

信息成本变量中,小龙虾养殖户是否参加过养殖技术培训对融资难易程度有显著影响,即专业性的技术培训有利于降低小龙虾养殖的风险,养殖户参加技术培训有助于解决融资难问题。

谈判成本变量中,农户与下游企业对小龙虾质量等级认定的差异对小龙虾养殖户融资难易程度影响显著。在小龙虾质量等级认定上达成一致有助于降低谈判成本,促成交易,有利于形成产供销结合的价值链,为养殖户降低融资成本;价值链中同等级小龙虾销售价格的差异对其融资难易程度影响不显著,原因在于盱眙小龙虾销售价格差异不大,养殖户与买方在价格上容易达成一致。

在执行监督成本变量中,签订生产合同和交付小龙虾给指定企业对小龙虾养殖户融资难易程度影响显著。交付小龙虾给指定企业的养殖户资金回笼的安全性更高,更有助于降低养殖户的融资难度;但养殖户与下游企业直接签订生产合同而不经由合作社统一销售的做法,则可能由于缺乏合作社的信用担保,增加其融资难度。小龙虾等级合格情况、贷款支付方式和运输新鲜小龙虾的困难程度对养殖户融资的难易影响并不显著。

在风险成本变量中,收回货款的不确定性、养殖小龙虾预期效益实现情况和农户是否在指定银行开设专门账户对小龙虾养殖户融资难易影响显著。养殖户收回货款的不确定性将影响其资金周转的时效性,进而影响养殖户的还贷能力。因此,随着不确定性的减弱,养殖户的融资难度也会下降。养殖户融资难易程度与养殖小龙虾预期效益实现情况呈正相关关系,即收益实现越容易,偿贷能力越强,则融资就越容易。就农户是否在指定银行开设专门账户变量而言,银行的交易记录是养殖户信誉度的一个凭证,信誉度越高贷款相对就越容易,因而农户开设专门账户可以有效降低其融资难度。

表 6-7　模型分析结果

Ordered probit regression				Number of obs = 71	
				LR chi2(14) = 37. 24	
				Prob> chi2 = 0. 0007	
Log likelihood = −46. 336966				Pseudo R^2 = 0. 2866	
Y	Coef.	Std.Err.	z	P>z	[95% Conf.　　　Interval]
X_1	0. 4396347	0. 3909517	1. 12	0. 261	−0. 3266165　　1. 205886
X_2	0. 1378426	0. 2021937	0. 68	0. 495	−0. 2584498　　0. 5341349
X_3	−0. 314305	0. 2236631	−1. 41	0. 16	−0. 7526766　　0. 1240667
X_4	−0. 7685979	0. 3812608	−2. 02	0. 044	−1. 515855　　−0. 0213405
X_5	−0. 9910582	0. 443856	−2. 23	0. 026	−1. 861　　−0. 1211165
X_6	−0. 8927331	0. 4674945	−1. 91	0. 056	−1. 809006　　0. 0235393
X_7	−0. 5200672	0. 8675287	−0. 6	0. 549	−2. 220392　　1. 180258
X_8	3. 281789	1. 611457	2. 04	0. 042	0. 1233916　　6. 440186
X_9	5. 432865	289. 2656	0. 02	0. 985	−561. 5173　　572. 383
X_{10}	−0. 2267012	0. 1951238	−1. 16	0. 245	−0. 6091367　　0. 1557344
X_{11}	−0. 5338344	0. 2113489	−2. 53	0. 012	−0. 9480705　　−0. 1195982
X_{12}	−0. 9851492	0. 5066207	−1. 94	0. 052	−1. 978108　　0. 0078092
X_{13}	0. 6404135	0. 2546222	2. 52	0. 012	0. 141363　　1. 139464
X_{14}	−1. 29805	0. 5917178	−2. 19	0. 028	−2. 457796　　−0. 1383048
/cut1	0. 4787736	289. 2836			−566. 5066　　567. 4642
/cut2	2. 980799	289. 2832			−564. 0039　　569. 9655

第四节　价值链外部融资的制约因素分析

虽然政府对于小龙虾养殖户的融资活动给予了政策上的支持,但由于农业的弱质性,养殖户日益增长的金融需求仍难以从正规金融机构得到完全满足。

一、金融机构信贷供给方面存在的问题

近年来,政府加大了对普惠金融的支持力度,但相对于农村金融的需求而言,供给仍然相对匮乏。特别是以支农助农为出发点的村镇银行和农村商业银行,也将很多业务转移出了农村市场,进一步加剧了农村金融供给的短缺。此外,金融机构与借贷人之间存在信息不对称的问题,金融机构难以全面掌握养殖户的具体情况,为了规避风险,金融机构的借贷门槛相对较高,需要合格抵押物或有效担保。但小龙虾养殖户的抵押物往往并不十分符合其要求,因而大多数养殖户难以从正规金融机构获得资金支持。同时,正规金融机构的信贷审批手续相对繁琐,而小龙虾养殖的时效性强,资金供给和需求在时间上可能出现错配。

二、小龙虾养殖户自身存在的问题

根据调查,盱眙小龙虾养殖户普遍具有以下特征:受教育水平相对较低,缺乏相关的养殖经验和技能;年龄普遍偏大,收入来源单一;已婚者居多,家庭生活与子女抚养需要很大的支出;经济实力较弱,财务状况普遍一般。由于正规金融机构在农村市场金融服务的相对不足,养殖户的生产经营活动更多的是使用自有资金,借款方式也倾向于民间借贷,因而养殖户在金融机构的信用评级几乎为零,未能形成良好的个人信贷记录。此外,小龙虾养殖具有一定季节性,养殖户贷款需求具有使用周期短、频率高的特征,可能会增加金融机构的成本。

三、抵御自然灾害与市场风险的能力弱

作为"小龙虾之都"的盱眙,地处淮河下游,无论旱涝都会对小龙虾养殖造成不利的影响。实际上,小龙虾养殖对环境的要求很高,恶劣环境极易引起小龙虾染病。如果不能及时妥善处理,小龙虾产量将会大打折扣,直接导致养

殖户收入缩水。从市场波动来看,养殖户由于信息的滞后,专业知识技能的缺失,往往不能及时准确地分析与预测未来市场,跟风现象较为明显。而当大量养殖户进入小龙虾市场时,则可能导致市场上供大于求,削弱其盈利能力。

第五节　研究结论

通过对盱眙小龙虾价值链外部融资模式和运行机制进行分析,得出以下结论:

第一,金融机构、合作社在小龙虾价值链外部融资中起到关键作用,外部融资方式降低了信用成本,解决了养殖户的融资难问题,确保养殖户能持续生产。小龙虾合作社发挥了信贷交易的桥梁作用,联结起了小龙虾养殖户的资金需求与外部金融机构的资金供给,能够降低信用交易成本。

第二,合作社在养殖技术和小龙虾销售渠道等方面提供的服务,保证了养殖户能够顺利可持续生产。小龙虾合作社能够提供虾苗、养殖资料、技术服务等,确保小龙虾成品以预期稳定的价格进行销售,小龙虾养殖户不再独自面对市场风险、养殖风险,从而能够实现可持续养殖。

第三,通过对小龙虾养殖户调研发现,参与外部融资的养殖户的生产能力和收入水平都得到了显著提高,使得其切身利益得到保障,大大提升了其生产积极性。实践证明:价值链融资具有显著的正效应,这种以市场为驱动的价值链效益是最优的。

第四,由于价值链融资过程中所涉及的部门较多,管理存在一定困难,需要各参与主体相互协作,共同发展。农业价值链是一个复杂的系统,需要参与主体行为的统一,也需要政府、第三方利益相关者的支持。

针对小龙虾养殖户融资中存在的问题,提出以下建议:

第一,政府应推动小龙虾合作社的建立和完善,在政策和资金上给予大力支持,并健全风险保障机制。发挥好政府在供给侧结构性改革中的作用,促进小龙虾产品结构优化。此外,还要完善相关法律法规,明确价值链中的各方权利和义务,营造一个良好的法治环境。

第二,金融机构要深入了解合作社和养殖户金融需求,结合养殖户的实际情况创新出更多的金融产品和服务,满足价值链参与主体的融资需求。同时,要建立和完善风险防控和分散机制,有效分散各参与主体的风险。

第三,合作社要不断完善自身规章制度,养殖户要提升自身的信用等级和技术水平,这对于降低信用成本和生产成本有着重要作用。此外,还要加强价值链各参与主体间的联系,以保证价值链融资的健康持续发展。

第七章　价值链内部融资的运行机制及其信用成本分析

——以太湖县日兴合作社价值链融资为例

　　农业价值链融资可以从内部融资和外部融资来研究,前面一章研究了农业价值链外部融资的运行机制及其信用成本,本章将研究农业价值链内部融资的运行机制及其信用成本。内部融资在解决融资难问题时,主要依托价值链参与主体之间的资金融通,其主要发生在相邻的价值链上游主体与下游主体之间,基本模式是"核心企业或农民合作社+农户"。建立在互相信任基础上的农业价值链内部融资形式,不仅有利于节约信用成本,而且可使缺乏社会资本的小农户获得贷款,增加收入。本章通过调研问卷收集了太湖日兴农民专业合作社第一手数据,运用双重差分法进行实证分析。实证研究结果表明:内部融资模式降低了信用成本,确保养殖户的资金需求得到满足,显著增加了养殖户收入。

第一节　日兴合作社价值链内部融资概述

　　安徽省太湖县日兴养殖农民专业合作社(简称"太湖日兴合作社"或"日兴合作社")成立于2010年12月23日,现有社员551户,拥有员工71名。年出栏生猪千头以上规模的农户52户,年出栏家禽万羽以上规模的农户15户。

2016 年,沙湖种羊养殖公司也加入了合作社,存栏种羊 2060 头。合作社主要为养殖户社员提供幼崽、供应饲料等;为社员提供技术培训,包括养殖技术、沼气池维修技术、疾病防治技术等等;同时成立了防治分队,为社员提供防治病虫害一条龙的服务;为养殖户统一销售产品等等。随着合作社的快速发展,正在形成规模养殖的新型联合体,其业务网络遍及安徽并逐步形成向全国其他省市辐射的趋势。

2011 年,太湖县日兴养殖农民专业合作社开始探索在合作社内部开展资金互助。社员自愿入股,每股 100 元,筹集的资金用途十分明确,只能服务于社员农业生产。社员入股后既是合作社的社员,也是股东。经过多年的发展,日兴合作社的股东已由当初的 18 个发展到 2016 年的 601 个。日兴养殖合作社在内部实行"幼崽统一引进、饲料统一供应、病虫害统一防治、技术统一培训、产品统一销售、资金相互借用"即"五个统一,一个互助"。日兴养殖农民专业合作社在开展资金互助的过程中,坚持合作金融、资金互助的基本原则,坚持"资金社内封闭运行",完全服务于社员的养殖发展资金需求。运行五年来,合作社累计筹集互助金 1140 万元,其中基础股金 459 万元,投资股金 681 万元。2015 年累计借出互助金 2028 万元。在投放的 400 多笔借款中,没有发生一起不良借款。

在日兴养殖农民专业合作社主导的价值链中,有效地发展了价值链内部融资。日兴养殖农民专业合作社主导的价值链内部融资如图 7-1 所示。在农业价值链中,合作社资金互助功能得到了有效发挥,满足了农户社员的资金需求,降低了信用成本,推动了相关产业发展,促进了农户增收。农民专业合作社资金互助建立在"血缘、地缘、亲缘"的"三缘"关系的基础上,这是由农村社会经济实际情况所决定的。农户生活在农村的熟人社会之中,合作社具有掌握农户信息的优势,易于了解和熟知农户社员的家庭背景、生产状况、经济实力、信用水平等信息,避免了因为信息不对称所引发的逆向选择和道德风险,可以有效防控信用风险。作为非正规金融机构的农民专业合作社开展资金互助和信用合作,一定程度上满足了农户生产的季节性短期资金借贷需求,有效替代和补充了正规金融机构资金供给的不足,解决了正规金融机构与广大有信贷需求的农户信息不对称、信用成本高等问题,填补了农村资金供给的"空白"。需要特别指出的是,农民专业合作社的互助资金主要来自于社员入股和内部积累,是社员自己的资金。由于相互之间非常熟悉,社员借贷资金的办理手续十分便捷、简单,资金的回收成本也比较低,有效降低了信用成本。

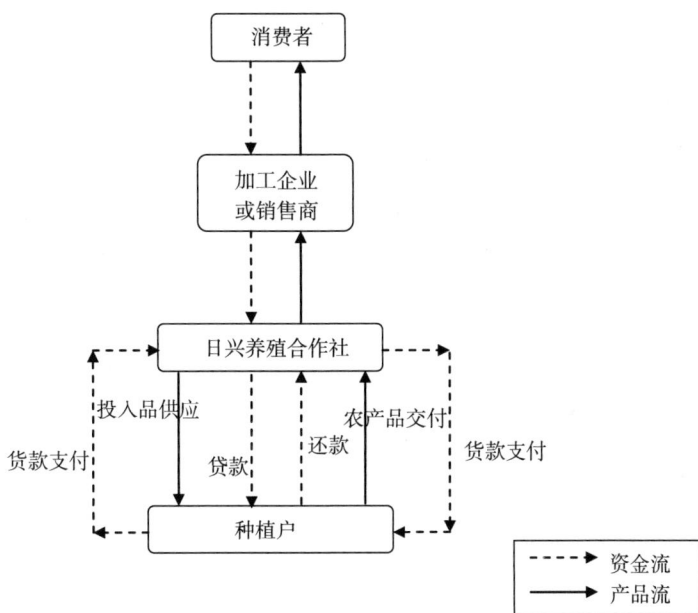

图 7-1　日兴合作社价值链内部融资

第二节　问卷设计及数据收集

一、设计调查问卷

结合研究主题,即太湖县日兴养殖农民专业合作社中农户参与价值链融资情况,制作了相应调查问卷用来收集相关数据。调查问卷主要涉及养殖户基本信息、养殖户融资状况和农户参加合作经济组织情况三大部分,共43个问题。其中,养殖户融资状况中价值链融资各种成本的衡量是调查问卷的核心,共八个问题:距离所贷款银行的物理距离(km);办理一笔贷款去银行的次数(次);贷款时是否需要担保(否=0,是=1);贷款时是否需要抵押(否=0,是=1(转下一个问题));如果需要抵押,用什么抵押;从申请到获得贷款所花费的时间(天);去银行办理贷款所花费的交通费(元);为了得到贷款的其他花费(元)。

二、收集调研数据

在制作、修改和完善调查问卷后,2016年11月,调研组来到安徽省太湖县,收集了太湖县日兴养殖农民专业合作社的相关资料,包括太湖县日兴养殖农民专业合作社资金互助章程、分红造册发放明细表、工作人员信息名单、注册成员入股清单、投放金统计表等。同时,也从相关人员口中了解到关于合作社内农户的分布情况、相应的融资成本和农户盈利情况,对太湖县日兴养殖农民专业合作社有了一个总体上的了解和认识。

调研组走访了江塘乡大塘村、毕岭村、东升村、白云村,新仓镇黄岭村和徐桥镇等多个乡村地区,基本涵盖了所有太湖县日兴养殖农民专业合作社社员所在的乡镇村。对太湖县日兴养殖农民专业合作社社员进行了走访,共获得47份有效问卷。

第三节 实证分析

一、模型设定

为了更准确分析价值链融资对农户收入增长的影响,采用DID(Different-in-Different)方法来进行评价。将"处理组"设为采用价值链融资的农户,将

"对照组"设为未采用价值链融资的农户,根据调研的数据,分别计算出处理组和对照组的同一变量在采用价值链融资前后的变化量,并且计算出这两个变化量之间的差值。[①]

本书建立一个基本的 DID 估计方程:

$$Y_{it} = \beta_0 + \beta_1 D_t + \beta_2 D_{treat} + \beta_3 D_t \cdot D_{treat} + \alpha X_t + \varepsilon_{it} \qquad (7-1)$$

其中,Y_{it} 代表农户的收入(万元);i 代表农户;t 代表年份;D_{treat} 为虚拟变量,代表农户是否采用价值链融资,如果该农户采用价值链融资,则为 1,否则为 0;D_t 代表时间虚拟变量,采用价值链融资之后为 1,采用价值链融资之前则为 0;X_t 是控制变量,代表养殖总计投入初始资本、雇工等。需要关注的是交叉项 $D_t \cdot D_{treat}$ 的回归系数 β_3,它代表处理组和控制组在控制了其他因素后,采用价值链融资后与采用价值链融资前相比农户收入增长的变化。

二、数据的统计性描述

选取养殖户收入 Y_{it} 作为模型 1 的被解释变量,其值为被调查养殖户 2014 年和 2015 年的全年收入(万元)。由于 DID 分析结果的有效性可能受到变量缺失的影响,笔者加入了控制变量 X_t,包括:家庭劳动力的最高文化程度(edu),度量指标为养殖户家庭接受的最高教育程度;家庭劳动力总数(labor),度量指标为养殖户家庭劳动力总数;养殖总计投入初始资本(capital),度量指标为养殖户家庭总计投入初始资本(单位:万元);雇佣工人数(worker),度量指标为养殖户家庭雇佣的劳动力总数;距离所贷金融机构的距离(distance),度量指标为养殖户距离所贷银行的物理距离(单位:公里)。数据的统计性描述如表 7-1 所示。

---

① 胡联:《贫困地区农民专业合作社与农户收入增长——基于双重差分法的实证分析》,《财经科学》2014 年第 12 期。

表 7-1　数据的统计性描述

变量名称	标签	Obs	Mean	Std.	Min	Max
农户收入	income	94	28.23	34.74	2	180
家庭劳动力的最高文化程度	edu	94	3.62	1.64	1	6
家庭劳动力人数	labor	94	2.47	0.83	1	5
养殖总计投入初始资本	capital	94	140.51	251.68	4	1000
雇佣工人数	worker	94	2.66	4.14	0	20
距离所贷金融机构的距离	distance	94	6.30	7.58	0	30

三、实证结果及分析

本章使用的数据来自对太湖县日兴养殖农民专业合作社 50 名社员农业价值链融资的问卷调查,有效问卷 47 份(每份有两年的数据资料)。总样本量为 94,样本量较小。因此,在进行 DID 分析时,均采用自抽样 300 次方法,获得稳健性标准误差,以克服样本量小的问题。

(一)农业价值链融资的增收效果影响

在考虑多重共线性、异方差和序列相关等问题后,笔者采用 white 稳健性估计,逐步加入控制变量,实证结果如表 7-2 所示。

表 7-2　DID 估计结果

	回归(1)	回归(2)	回归(3)	回归(4)
D_t	0.210	0.210	0.210	0.210
	(0.030)	(0.030)	(0.030)	(0.041)
D_{treat}	33.361***	33.249***	32.948***	8.735
	(3.995)	(3.960)	(3.901)	(1.252)
$D_t \cdot D_{treat}$	22.415*	22.415*	22.415*	22.415**
	(1.898)	(1.889)	(1.882)	(2.527)

	回归（**1**）	回归（**2**）	回归（**3**）	回归（**4**）
edu		−0.631	−0.736	−3.240**
		（−0.365）	（−0.423）	（−2.429）
labor			1.971	−0.427
			（0.568）	（−0.164）
capital				0.075***
				（5.864）
worker				0.897
				（1.143）
_cons	12.952***	15.271*	10.890	21.115**
	（2.658）	（1.905）	（0.977）	（2.517）
R^2	0.4	0.41	0.41	0.68
N	94	94	94	94

注:括号内为 t 值,* p<0.1,** p<0.05,*** p<0.01。

养殖总计投入初始资本（capital）的系数为 0.075,为正且显著,说明农户养殖总计投入初始资本越多,越容易使农户加入农业价值链融资中,从而促进农户收入的增加。

随着控制变量的加入,$D_t \cdot D_{treat}$ 的系数 β_3 数值比较稳定,而且显著。回归（4）中的 β_3 为 22.415,t 值为 2.527,这说明农户采用价值链融资增收 22.42 万元,增收效果明显。

（二）养殖户距离所贷银行的距离对农户增收的影响

为进一步分析信用成本对养殖户增收的影响,笔者在模型 1 的基础上,加入了 distance 与 $D_t \cdot D_{treat}$ 的交互项,构建了模型 2。$D_t \cdot D_{treat} \cdot distance$ 的系数 β_4 度量了养殖户距离所贷金融机构的距离对农户增收的影响。

$$Y_{ivt} = \beta_0 + \beta_1 D_t + \beta_2 D_{treat} + \beta_3 D_t . D_{treat} + \beta_4 D_t \cdot D_{treat} \cdot distance + \alpha X_{vt} + \varepsilon_{ivt}$$

$$(7-2)$$

估计结果如表7-3所示,笔者发现$D_t \cdot D_{treat} \cdot distance$的系数$\beta_4$为负且不显著,说明养殖户与所贷金融机构的距离对农户增收没有影响。

表7-3　养殖户与所贷金融机构的距离对农户收入增加的影响

	回归(1)	回归(2)	回归(3)	回归(4)
D_t	0.210	0.210	0.210	0.210
	(0.031)	(0.031)	(0.030)	(0.041)
D_{treat}	33.869 ***	33.768 ***	33.366 ***	9.751
	(4.088)	(4.053)	(3.984)	(1.408)
$D_t \cdot D_{treat}$	29.175 **	29.027 **	29.729 **	26.777 ***
	(2.183)	(2.161)	(2.200)	(2.662)
$D_t \cdot D_{treat} \cdot distance$	−0.950	−0.929	−1.027	−0.613
	(−1.045)	(−1.016)	(−1.107)	(−0.885)
distance	−0.407	−0.417	−0.391	−0.370
	(−0.984)	(−1.001)	(−0.931)	(−1.177)
edu		−0.638	−0.756	−3.215 **
		(−0.372)	(−0.438)	(−2.433)
labor			2.433	−0.161
			(0.701)	(−0.062)
capital				0.076 ***
				(5.930)
worker				0.750
				(0.960)
_cons	15.344 ***	17.747 **	12.141	22.705 **
	(2.840)	(2.104)	(1.043)	(2.587)
R^2	0.43	0.44	0.44	0.69
N	94	94	94	94

注:括号内为t值,* $p<0.1$,** $p<0.05$,*** $p<0.01$。

第四节　价值链内部融资的制约因素分析

一般而言,养殖户距离所贷金融机构越远,意味着养殖户得到贷款的交易成本会越高。但笔者发现养殖户与所贷金融机构的距离对农户收入增加没有影响,那么原因在哪? 笔者认为,可能是由于价值链内外部融资的信用成本差别较大,养殖户如果能够通过价值链内部融资解决融资需求,则一般不会直接向金融机构贷款,即农业价值链内部融资能够节约信用成本。

一、信用成本对农户参与农业价值链融资的影响

为了比较参与农业价值链融资的信用成本和不参与农业价值链融资的信用成本对于农户参与价值链融资的影响,本书选取贷款是否有抵押、贷款是否需要担保、申请得到贷款需要时间的长短、为了得到贷款请客送礼所花费的资金这四个指标,并对这4个衡量信用成本的指标进行案例分析,进一步分析了信用成本对农户参与价值链融资的影响。

一般来说,普通养殖户(未参与农业价值链)如有资金需求向金融机构申请贷款时需要抵押和担保,养殖户往往会因为资产抵押物不足而无法获得贷款导致其生产经营活动受到影响。养殖户如果参与农业价值链中,就可以依托价值链融资获得金融支持。从农业价值链内部融资来看,合作社作为内部融资的核心,对于内部的养殖户有充分的了解,因而会对不同农户的信用有一定的评级,并在不同评级上给予农户数额不等的贷款。即使合作社自有资金有限,也可以依托价值链从外部金融机构或内部参与主体获得资金,再向养殖户提供资金支持。显然,参与农业价值链融资的养殖户比普通养殖户更具有获取信贷支持的优势。

参与农业价值链的农户(即成为合作社内部社员的养殖户)在有资金需求时之所以能够通过价值链融资获得资金支持,是因为合作社对养殖户社员

有充分的了解和信任,不需要抵押担保,这是未参与农业价值链的养殖户所无法相比的。显然,参与农业价值链融资的农户与不参与的农户相比享有不需要担保人担保的优势。合作社把自有资金或借贷来的资金向养殖户发放,如何确保贷款能够按时偿还? 这主要是基于养殖户的幼崽提供、生产资料供应、技术培训与指导、疾病防治等都需要合作社给予服务,合作社在一定程度上能够控制养殖户的行为,掌握着养殖户生产经营的所有信息。特别是养殖成品的销售也依赖于合作社,养殖户销售得到的资金优先用于向合作社还款,这进一步强化了合作社的监督和控制能力。合作社尽管没有采用抵押担保方式,但是仍然能够控制风险,确保养殖户能够及时偿还贷款。因此,合作社主导的农业价值链融资运行已嵌入还款机制,养殖户能够通过价值链获得需要的资金,而且信用成本较低。

在调查过程中,笔者发现参与农业价值链融资的养殖户申请得到贷款的时间较短,门槛相对较低,手续更加简便。养殖户在向合作社申请贷款时不需要请客送礼托关系。而普通农户向金融机构等申请贷款的等待时间较长、手续复杂、门槛要求高,很多情况下需要请客送礼托关系等,无形之中增加了人情支出,信用成本大大增加。显然,价值链内部融资更简便、快捷、期限更合适,大大减轻了养殖户的负担,信用成本较低。

综上所述,采用农业价值链融资的农户比不采用农业价值链融资的农户在融资过程中的信用成本更低,农业价值链内部融资对于解决农户融资难问题有显著的效果和突出的优势。

二、农户参与价值链融资的制约因素分析

通过以上对信用成本相关的八个问题运用双重差分法进行实证分析,以及从信用成本四个维度进行案例比较分析,可以总结出农户参与农业价值链的制约因素。

首先,农业价值链融资知识稀缺。农户普遍存在的问题是受教育程度不

高,对农业价值链融资的概念、机理和作用不了解,或者了解的不够透彻。加上农户的普遍特征之一就是规避风险,这就使得农户不会主动参与到农业价值链融资中来。

其次,综合性合作社发展不够。目前国内很多合作社主要以养殖、种植、销售类为主,对社内农户可以提供生产技术帮助以及销售指导,但是缺乏以解决农户融资难为基础的资金合作社,或者养殖、种植、销售与资金借贷相结合的综合性合作社。这使得合作社无法达到农业价值链融资的要求,从而无法帮助农户解决从"小农"到现代农业发展所面临的融资难问题。

最后,金融机构和政府部门支持力度不够。光靠农户的自有资金或者向亲戚朋友借贷的资金毕竟有限,无法拥有持续扩大生产的资金量。此时,就需要政府相关部门和金融机构出台相应的政策降低农户或者合作社的融资门槛,帮助其加入到农业价值链融资中。同时政府相关部门可以加强对农业价值链融资方面的知识和优势的普及,使得农户和合作社主动加入价值链,实现良性循环。

第五节　研究结论

根据对合作社的社员农户进行问卷调查获得的数据,运用双重差分法对数据进行分析。研究发现:第一,农户采用农业价值链融资能显著促进农户收入增加;第二,养殖户距离所贷银行的距离对农户收入增加没有影响。在信用成本分析框架下对安徽省安庆市太湖县日兴养殖合作社内部融资进行分析,结论主要包括两个方面:

一是养殖户主要通过价值链主导者——合作社获得内部融资,较少选择从外部进行融资,主要原因在于外部融资成本偏高。对于一般养殖户来说,由于没有可抵押资产或没有信用档案,很难从银行贷到所需资金。太湖日兴养殖农民专业合作社以合作社为主体,采取社员入股的形式把汇集到的资金低利率借给融资困难的社员，而且不需要担保和抵押，很快就能到账。这种建立在相互信任基础上的农业价值链内部融资形式，不仅有利于节约信用成本，同时也可以使缺乏社会资本的小农户获得贷款。太湖日兴养殖农民专业合作社的农业价值链内部融资模式与传统的农户单独向银行和金融机构借贷资金相比，在搜寻成本和网络效应方面更具优势。价值链融资基于合作社对内部社员情况的了解和熟悉，减少了信息不对称的程度，降低了发生道德风险与逆向选择的概率。农业价值链内部融资提高了参与主体之间的信任度，有助于稳固合作社和社员的关系，降低机会主义成本，提高生产收益，促进规模化发展，解决养殖户的融资难问题。

二是政府对于养殖户的扶持力度及提供的实质性帮助不够，并不能从根本上解决融资难题。政府应主动作为，引导和支持综合性合作社的发展。针对内部融资存在的问题，可以在一些发展趋势良好、有一定基础的合作社组建真正的生产、供销、信用"三位一体"的综合性合作社，发挥集体的力量，带领众多小农户抵御可能的风险。同时，合作社应加强对农户价值链知识的普及和教育，提供种植养殖环节的培训和帮助，提高资金供给能力，为社员提供资金互助。当然，在合作社的信用功能还不够强大的情况下，可以尝试推动农业价值链外部融资发展，引导金融机构积极参与到为价值链参与主体提供融资服务中去。政府相关部门要继续出台有关资金扶持、税收减免和信贷优惠政策，对农业价值链的参与主体以及相关金融机构等给予相应支持，促进农业价值链融资的发展。

第八章 价值链内部融资与外部融资相结合的运行机制及其信用成本分析

——以怀远县石榴价值链融资为例

价值链融资将农户、企业、合作社、政府、银行融为一个整体,这种融资模式实现了价值链条上各主体的价值增值,并降低了交易费用,节约了信用成本,是解决农业融资难的一个重要的农业现代化的创新方法。怀远石榴价值链融资主要采用了内部融资与外部融资相结合的发展模式。其中,"合作社+石榴种植户""合作社+石榴种植户+石榴加工企业"的内部融资模式以合作社、石榴加工企业为核心;"银行+合作社+石榴种植户"的外部融资模式中,合作社与银行共同发挥核心作用。不论内部融资还是外部融资,都解决了农户的融资难问题,在促进农户收入增加的同时,降低了价值链上各主体的信用成本。本章通过对怀远石榴价值链进行实地调研,深入了解怀远石榴价值链融资情况,运用 Probit 模型分析了农业价值链融资对于农户收入增加的作用及其信用成本。

第一节　石榴价值链内部融资与外部融资概述

怀远石榴价值链融资已经取得了一定成效,较好地解决了石榴种植户融资难问题。石榴价值链融资可以从内部融资和外部融资两个方面来认识。

一、石榴价值链内部融资

石榴价值链内部融资是指发生在石榴价值链参与主体之间的资金融通活动。怀远石榴价值链内部融资主要有"石榴合作社+石榴种植户"和"石榴合作社+石榴种植户+石榴加工企业"两种模式。前者是石榴合作社向石榴种植户提供融资支持。合作社向种植户提供投入品,不需要种植户当期支付货款,或合作社向种植户提供贷款,等石榴收获后种植户向合作社交付石榴成品,使用货款支付投入品款项或偿还贷款。后者是石榴加工企业向石榴种植户提供融资支持。加工企业不直接向种植户提供投入品或发放贷款,而是以合作社为中介,由合作社向农户提供投入品或发放贷款,等石榴收获后种植户向合作社交付石榴成品,使用货款支付加工企业的投入品款项或偿还贷款。

"石榴合作社+石榴种植户"内部融资是以合作社为核心的一种内部融资方式。怀远石榴合作社直接向种植户提供贷款,这些贷款多数以预付款等方式进行。在内部融资中,合作社起到了核心的作用,是农户融资的最大供给者。面向石榴种植户生产经营活动的贷款是合作社主要的信贷业务,其贷款利率通常低于其他商业性金融机构大约 0.1 个百分点,并且一般不需要担保。加入合作社的成员将闲钱入股到合作社中,合作社每年给予其高于其他商业性金融机构的利息,并对入股的成员进行分红。这样便为石榴种植户解决了资金短缺问题。

"石榴合作社+石榴种植户+石榴加工业"内部融资模式是以石榴加工企业为核心的一种内部融资方式。石榴加工企业间接向农户提供贷款。由合作社统一和石榴加工企业签订合同,企业将资金贷款给合作社或者以预付定金的形式给予合作社一笔资金,合作社按照农户需求将贷款发放给各个农户并且监督和指导其进行石榴的种植。销售完成后,石榴加工企业会将尾款支付给合作社,合作社将资金发放给石榴种植户(扣除了贷款)。

这两种内部融资模式中,合作社不仅与种植户签订合同,贷款给种植户,还发放石榴种苗,提供种植技术培训、保险等一系列配套服务,定期派人去石榴种植基地提供帮助,加强管理,确保石榴品质。种植户在此过程中只需要付出劳动,将种苗培育成石榴果实即可。这种方式既确保了种植户部分资金的稳定,也确保了优质石榴的生产,从而实现共赢。

二、石榴价值链外部融资

石榴价值链外部融资是指发生在石榴价值链内部参与主体与外部金融机构之间的资金融通活动。之所以需要石榴价值链外部融资,是因为石榴价值链的发展带动了石榴种植户、合作社、石榴加工企业等参与主体的发展,同时也促使其不断增加对资金的需求,这样仅在石榴价值链内部融资就具有明显的局限性,往往难以满足参与主体的融资需求,因而迫切需要外部金融机构参与到融资服务之中。怀远石榴价值链外部融资主要有"金融机构+石榴合作社+石榴种植户"和"石榴合作社+石榴种植户+石榴加工企业+金融机构"等模式。

"金融机构+石榴合作社+石榴种植户"外部融资是以合作社为核心的一种外部融资方式。石榴合作社由于自身实力的限制,无法有更多的资金通过内部融资满足石榴种植户的资金需求。这就需要由合作社代表全部种植户向外部金融机构提出贷款需求和意愿,外部金融机构根据掌握的石榴价值链以及合作社的知识和信息情况决定贷款与否。一旦获得贷款,由合作社向种植户发放贷款,或者由合作社作为担保,金融机构直接向种植户发放贷款。种植户在农产品销售后获得收益,再还本付息。

　　"石榴合作社+石榴种植户+石榴加工企业+金融机构"外部融资是以石榴加工企业为核心的一种外部融资方式。石榴加工企业在外部融资中发挥决定性作用,由其与金融机构联系,获得金融机构贷款后,通过合作社将资金提供给种植户。种植户将产成品交付给合作社,由合作社统一交付给加工企业,加工企业经过精加工、深加工后销售成品。加工企业通过农产品加工、销售,支付货款和贷款本息,实现利益最大化。

　　在以上两种外部融资模式中,都需要合作社发挥联结作用,其不仅要与种植户签订合同,还要与加工企业、金融机构签订合同或担保协议。一方面,合作社需确保种植户融资需求得到满足;另一方面,要确保种植户农产品生产达到要求的标准,以利于归还贷款。合作社还要负责提供投入品、技术培训、科学种植、病虫害防治等一系列服务,保障石榴产品品质。这种方式与内部融资相结合,满足了种植户的资金需求,实现了石榴价值链的可持续发展。

第二节　实证分析

一、调查问卷设计与回收

　　本章利用调研组 2016 年对安徽怀远石榴价值链融资的实地调研数据,分析内部融资与外部融资的运行情况及信用成本。调研问卷主要包括种植户基本信息、种植户的融资状况、种植户融资成本三大部分。其中融资成本是本章研究的核心变量,包括:(1)距离所贷款银行的物理距离;(2)办理一笔贷款去银行的次数;(3)贷款时是否需要担保;(4)贷款时是否需要抵押;(5)从申请到获得贷款所花费的时间;(6)去银行办理贷款所花费的交通费;(7)为了得到贷款的其他花费。调研组走访了合作社、加工企业、石榴种植户等,共发放了问卷 200 份,收回有效问卷 142 份。

二、模型设定

笔者试图分析信用成本对种植户参与价值链融资的影响,但调研数据中发现信用成本的代理变量(如借贷是否抵押等)与种植户参与价值链融资变量可能高度相关,无法进行回归分析。所以笔者采取的策略是首先分析社会资本对种植户参与价值链融资的影响,然后比较参与价值链融资的种植户和没有参与价值链融资但采取其他融资方式的种植户的信用成本。

利用 Probit 模型分析社会资本对种植户参与价值链融资的影响,参考穆尔蒂·科普帕蒂(Murty S.Kopparthi,2012)和格拉迪斯·穆苏瓦(Gladys Musuva,2016)的研究,结合本研究的主题,笔者设定以下模型分析信用成本对种植户参与价值链融资的影响:

$$Probit(use = 1) = G(a + \beta_1 SCp + \gamma X + \varepsilon) \tag{8-1}$$

其中,use = 1 表示种植户参与农业价值链融资;SCp 表示种植户的社会资本;X 为控制变量,具体包括:是否是乡村领导干部(lead),度量指标为种植户户主或者家庭成员是否是乡政府、村委会干部;家庭受教育情况(edu),度量指标为种植户家庭最高接受的教育程度;户主的年龄(age),度量指标为种植户户主的年龄;家庭劳动力总数(labor),度量指标为种植户家庭劳动力总数;下一个三年的生产计划(plan),度量指标为种植户家庭在未来三年是否打算减少生产或保持现状或扩大生产;种植雇佣工人的人数(worker),度量指标为种植家庭每年雇佣石榴种植工人的人数;建设资金总投入(capital),度量指标为农产品生产总计投入的初始资本;种植户的经营偏好(op),度量指标为种植户家庭的风险偏好;种植户资金情况(cs),度量指标为种植户家庭资金是否出现短缺;种植户签订订单(order),度量指标为种植户是否和有关单位签订订单;在金融机构工作的亲友(br),度量指标为种植户家庭有多少亲戚朋友在银行等金融机构工作。估计结果如表 8-2 所示。笔者关注的是核心解释变量 SCp 的系数。由于社会资本存在不同的定义,结合研究主题和调研数据的实际情况,笔者将用 3 个代理变量分别进行分析,具体见下面的实证分析过程。

三、数据的统计性描述

笔者所使用的数据是课题组在 2016 年对安徽怀远石榴种植户实地调研数据。有效问卷 142 份,实际使用样本量为 136 个。结合怀远石榴价值链的实际情况,问卷主要包括三大部分:(1)种植户基本信息,包括劳动力数量、家庭受教育情况、2014 年和 2015 年的收入与支出、家庭中是否有村干部等;(2)种植户的融资状况,主要包括种植户的资金来源渠道、种植户的资金缺口、种植户参与价值链情况;(3)价值链融资的成本,主要是信用成本(这也是本实证分析的核心问题),包括借款是否需要抵押、借款是否需要担保、申请得到贷款的时间和为得到贷款请客所花费的资金。数据的统计性描述如表8-1 所示。

表 8-1 数据的统计性描述

变量名称	标签	Obs	Mean	Std.Dev.
是否签订订单	order	136	0.154412	0.362679
在银行工作的亲友	br	136	0.360294	0.481861
年龄	age	136	46.75397	5.874265
教育	edu	136	4.118519	1.12669
是否干部	lead	136	0.176471	0.382629
家庭劳动力总数	labor	136	3.766667	1.25513
下个三年计划	plan	136	1.904412	0.319228
雇佣人数	worker	136	1.300813	1.481774
初始资本	capital	136	7.23037	12.86894
经营偏好	pr	136	1.786765	0.713967
资金是否短缺	cs	136	0.654412	0.477318

四、实证结果及分析

由于种植户的社会资本可以采取不同的方式进行衡量,基于调研数据,笔者分别用"种植户在信用社是否有朋友 SCp1""种植户在政府部门是否有朋友 SCp2""种植户是否是本村大姓 SCp3"三个变量来分别分析。

首先,分析"在信用社是否有朋友"对种植户参与价值链融资的影响。经检验,模型不存在多重共线问题但存在异方差问题,所以采用了异方差的 Probit 模型进行实证分析。如表 8-2 所示,5 个回归中实证结果都较为稳定,Log likelihood 的值也比较大,正确预测百分比都在 83.20% 以上,模型的拟合程度较好。在信用社是否有朋友 SCp1 的系数为负且均在 10% 水平上或 5% 水平上显著,这表明在信用社是否有朋友对种植户参与价值链融资有显著的负面影响,也即在信用社有朋友的种植户倾向于不采用价值链融资方式进行融资。

表 8-2　在信用社是否有朋友对种植户参与价值链融资影响的回归结果

	回归(1)	回归(2)	回归(3)	回归(4)	回归(5)
在信用社是否有朋友	-0.626*	-0.640*	-0.534	-0.540*	-0.930**
	(-1.916)	(-1.956)	(-1.611)	(-1.740)	(-2.251)
年龄	0.034	0.033	0.009	0.005	0.025
	(1.407)	(1.331)	(0.311)	(0.165)	(0.764)
教育		0.010	0.148	0.149	0.187
		(0.089)	(1.086)	(1.149)	(1.290)
是否干部			-0.667	-0.704	-0.916*
			(-1.359)	(-1.375)	(-1.767)
家庭劳动力总数			-0.201	-0.208	-0.330**
			(-1.502)	(-1.519)	(-2.193)
经营偏好				-0.497	-0.367
				(-0.993)	(-0.550)

续表

	回归(1)	回归(2)	回归(3)	回归(4)	回归(5)
下个三年计划				0.011 (0.072)	−0.280* (−1.797)
雇佣人数					0.014 (1.025)
初始资本					0.457* (1.698)
资金是否短缺					0.202 (0.587)
常数项	−2.421** (−2.082)	−2.389** (−2.045)	−1.184 (−0.805)	−0.051 (−0.024)	−1.699 (−0.742)
Wald chi2	4.48	4.65	10.70	12.33	27.39
Log likelihood	−53.21	−53.04	−40.59	−40.04	−33.40
正确预测百分比	83.33%	83.20%	86.84%	86.73%	88.39%
N	136	136	136	136	136

注:括号内的是 z 统计量,***、**、*分别表示是 1%、5%和10%的水平下显著,以下各表相同。

其次,分析在政府部门是否有朋友对种植户参与价值链融资的影响。笔者以种植户在政府部门是否有朋友 SCp2 为核心解释变量。如表 8-3 所示,5个回归中实证结果都较为稳定,Log likelihood 的值也比较大,正确预测百分比都在 83.20%以上,模型的拟合程度较好。在政府部门是否有朋友 SCp2 的系数为负且均在 10%水平上显著,这表明在政府部门是否有朋友对种植户参与价值链融资有显著的负面影响,也即在政府部门有朋友的种植户倾向于不采用价值链融资方式进行融资。

表 8-3　在政府部门是否有朋友对种植户参与价值链融资影响的回归结果

	回归(1)	回归(2)	回归(3)	回归(4)	回归(5)
在政府部门是否有朋友	−0.639* (−1.897)	−0.644* (−1.898)	−0.632* (−1.836)	−0.671* (−1.916)	−0.606* (−1.653)

	回归（1）	回归（2）	回归（3）	回归（4）	回归（5）
年龄	0.038 （1.574）	0.036 （1.503）	0.003 （0.097）	0.000 （0.003）	0.024 （0.751）
教育		−0.008 （−0.071）	0.168 （1.219）	0.198 （1.409）	0.152 （1.097）
是否干部			−0.840* （−1.864）	−0.865* （−1.804）	−0.977* （−1.923）
家庭劳动力总数			−0.239* （−1.707）	−0.264* （−1.926）	−0.326** （−2.224）
经营偏好			0.500** （2.177）	0.577** （2.287）	0.446* （1.691）
下个三年计划				−0.647 （−1.096）	−0.256 （−0.406）
雇佣人数				−0.070 （−0.516）	−0.253* （−1.678）
初始资本					0.018 （1.298）
资金是否短缺					0.072 （0.206）
常数项	−2.578** （−2.241）	−2.489** （−2.147）	−1.763 （−1.091）	−0.489 （−0.218）	−1.727 （−0.764）
Wald chi2	5.81	5.77	20.73	19.76	27.04
Log likelihood	−53.15	−52.99	−38.08	−37.11	−34.61
正确预测百分比	83.33%	83.20%	88.60%	87.61%	88.39%
N	136	136	136	136	136

　　最后,分析是否是本村大姓对种植户参与价值链融资的影响。笔者以种植户是否是本村大姓 SCp3 为核心解释变量。如表 8-4 所示,5 个回归中实证结果都较为稳定,Log likelihood 的值也比较大,正确预测百分比都在 83.20% 以上,模型的拟合程度较好。种植户是否是本村大姓 SCp3 的系数均不显著,这表明是否是本村大姓对种植户参与价值链融资没有显著影响,也即是否是

本村大姓对种植户是否采用价值链融资方式没有影响。

表8-4　是否是本村大姓对种植户参与价值链融资影响的回归结果

	模型（1）	模型（2）	模型（3）	模型（4）	模型（5）
是否是本村大姓	0.273	0.279	0.161	0.040	−0.038
	（0.777）	（0.799）	（0.391）	（0.095）	（−0.088）
年龄	0.045*	0.045*	0.011	0.004	0.026
	（1.806）	（1.755）	（0.367）	（0.142）	（0.787）
教育		−0.038	0.143	0.162	0.114
		（−0.351）	（1.128）	（1.306）	（0.909）
是否干部			−0.858*	−0.863*	−0.977**
			（−1.832）	（−1.801）	（−2.069）
劳动力			−0.187	−0.201	−0.267*
			（−1.426）	（−1.546）	（−1.913）
经营偏好			0.472**	0.519**	0.375
			（2.026）	（2.141）	（1.471）
下个三年计划				−0.661	−0.270
				（−1.185）	（−0.462）
雇佣人数				−0.032	−0.225
				（−0.241）	（−1.540）
初始资本					0.020
					（1.458）
资金是否短缺					0.025
					（0.073）
Wald chi2	3.36	3.21	12.61	13.95	22.10
Log likelihood	−54.86	−54.69	−39.44	−38.59	−35.72
正确预测百分比	83.33%	83.20%	86.84%	86.73%	87.50%
常数项	−3.579**	−3.418**	−2.617	−0.929	−1.830
	（−2.396）	（−2.262）	（−1.299）	（−0.339）	（−0.669）
N	136	136	136	136	136

综上所述,在信用社或者在政府部门有朋友的种植户(也即拥有较高社会资本的种植户)都不倾向于采取农业价值链融资的方式融资,而是采取传统的向银行贷款的方式融资。是否是本村大姓对种植户是否采用价值链融资方式没有影响。这表明,种植户拥有社会资本高低对种植户参与农业价值链融资有影响,低社会资本的种植户更倾向于采取农业价值链融资。

第三节　农户参与价值链融资的制约因素分析

上文研究发现拥有社会资本高低对种植户参与农业价值链融资有负面影响,这表明农业价值链融资跟传统的正规信贷(即以抵押担保等方式直接从正规银行贷款)不一样,更适合小种植户采用。那么原因到底在哪? 笔者从信用成本的角度分析种植户参与农业价值链融资和不参与农业价值链融资的不同。可以从信用成本的 4 个指标来进行分析:(1)贷款是否有抵押;(2)贷款是否需要担保;(3)申请到贷款需要时间的长短;(4)为了得到贷款请客送礼等人情方面所花费的资金。通过分析发现:价值链内部融资将种植户纳入农业价值链体系,以合作社为核心,种植户获得内部融资可以不用提供抵押、担保,省去请客送礼费用并且能够及时得到资金。价值链外部融资使得金融机构依托价值链进行放贷,种植户通过合作社向金融机构贷款同样可以不用提供抵押、担保,省去请客送礼费用并且能够及时得到资金。综上所述,参与价值链融资的种植户在融资过程中的信用成本更低,说明价值链融资能够节约信用成本。然而,种植户参与石榴价值链融资还存在如下诸多制约因素。

一、种植户对农业价值链缺乏了解

长期以来,石榴种植户习惯于自己种植自己售卖的生产经营模式,对价值链等新型经营模式缺乏了解和认同。特别是绝大多数种植户基本只顾眼前的利益,片面认为参与石榴价值链就被合作社或企业"牵着鼻子走",自身利益无法保障,更不相信价值链融资能够解决自身融资难问题。仅部分石榴种植户了解"石榴合作社+种植户+加工企业"经营模式,对石榴价值链及价值链融资有一定的认识和认可,认为石榴价值链融资能够解决其融资需求问题。显然,在农村地区普遍实施农业价值链、发展价值链融资存在一定的难度。

二、小种植户入社门槛偏高

调研组通过对合作社的调查了解到,石榴种植户加入石榴合作社必须缴纳最低 1000 元的入社入股资金,缴纳的资金越多所持股份越多,股份多少直接决定合作社内部融资金额的大小。一般来说,传统的种植户往往十分谨慎和精明,在没有得到实实在在的利益回报情况下,先需要至少投入 1000 元的股份,会促使部分种植户放弃加入石榴合作社。同时,已加入合作社的种植户,作为资金需求的主体,若融资额度不超过 1 万元且年底分红低,会导致社员种植户的满意度不高,对那些在观望是否加入合作社的种植户的吸引力也有所降低。不少种植户通过向亲戚朋友借款或民间金融借贷方式满足资金需求。因此,入社门槛高已成为石榴种植户参与价值链融资的重要制约因素。

三、金融机构和政府部门支持力度弱

农业价值链及农业价值链融资的发展是否能够有效解决农业融资难、农民增收慢等问题,需要政府以及相关机构的支持和推动。"石榴合作社+石榴种植户+石榴加工企业+金融机构"模式在实践中已经有所发展,但是政府的资金、政策支持力度还很不够,影响了该模式更好更快的发展。同样,金融机构尤其是各级政府控股的农村金融机构在支持农业发展方面,过多关注自身经济效益而忽视社会效益,对种植户、合作社、加工企业放贷的手续繁杂、审批时间较长、贷款效率低下。显然,金融机构和政府还没有能够从农业价值链整体层面来考虑种植户、合作社等的融资需求,导致种植户、合作社等不得不借助民间金融形式缓解融资难问题,增加了其成本和负担。

四、合作社规章制度存在缺陷

尽管石榴合作社已成立多年,但是合作社的发展依然面临诸多制约因素,存在规章制度不完善等问题,导致部分种植户的利益难以得到更好保障,影响了合作社发展壮大。入股多的种植户与入股少的种植户相比享有更大的话语权和影响力,更容易影响、决定合作社规章制度的制定,难免更多考虑、保障自身利益,而忽视了后者的利益。仅就合作社内部资金互助的金额而言,入股金额排名前 10 的种植户申请贷款的最低金额是 5 万元,最高金额达到 20 万元。而入股金额较低的大部分普通种植户申请贷款的最高金额不超过 5 万元,这一额度偏低,难以满足种植户的资金需求。当然,在年度盈利分红中,入股多的种植户比入股少的种植户获得了更多利益,尽管这在一定程度上是合理的,但是容易造成入股少的普通种植户的误解,导致其出现悲观情绪,抑制其参与价值链融资的积极性。

第四节 研究结论

从信用成本的角度来看,种植户参不参与农业价值链融资有明显的不同,即农业价值链融资能节约信用成本,这也是低社会资本的种植户更倾向于采取农业价值链融资的原因。除了以上的观点,本章还得出以下结论:

第一,怀远石榴价值链融资能够有效降低信用成本,实现融资活动的可持续进行。就价值链内部融资而言,主要以合作社为核心进行融资,能够较为准确掌握社员种植户的信息,从交易频率、交易的不确定性、资产专用性三个方面降低信用成本。就价值链外部融资而言,主要由合作社与金融机构共同发挥核心作用进行融资,金融机构充分利用合作社自身以及合作社掌握的种植户信息,有效降低了信息成本、谈判成本、执行监督成本和风险成本。需要强调的是,价值链参与主体相互协作形成"共生"机制,内部融资和外部融资有机融合,这就为价值链融资可持续发展提供了内在基础和保障机制。

第二,未参与农业价值链的种植户在融资时,金融机构需要考察其具体情况,如种植户的抵押品、信用水平、生产能力等。这些信息的收集成本较高,金融机构可能会主动放弃收集而面临信息不对称引发的较高融资风险,由此导致金融机构放贷会非常谨慎,甚至不向未参加农业价值链的种植户放贷。这是造成种植户融资困难的主要因素。

第三,通过对怀远石榴的调研可以发现,种植户资金需求周期较为固定,但频率较高、时间较长。一般来说,种植户购买化肥种苗、雇佣劳动力、合作社销售、企业加工是一个连续的过程,每个环节的参与主体都需要资金支持,从而实现石榴价值链的持续运行。但是金融机构提供的资金往往与种植户的需求不匹配,导致生产经营过程缺乏资金,各方利益都会受损。未参与农业价值链的种植户在这种情况下往往很难获得融资支持,即使侥幸获得融资也需要等待更长的时间,甚至还需要支出人情交际等成本。显然,价值链融资满足了参与主体——包括种植户的生产资金需求,保障了农产品供给质量,增加了种植户收入。

第四,价值链融资依旧存有弊端。种植户文化程度较低、分布较散,对价值链融资了解还不够深入。普通小种植户入社困难,入社门槛高,难以参与到价值链中。政府政策资金支持力度不够,银行等金融机构放贷依旧存在手续繁杂、时效慢的缺点。

基于以上分析,笔者认为推动农业价值链融资的发展,需要尽快做好以下工作:

第一,发挥政府组织引导作用。农业价值链及价值链融资作为新生事物,需要加大宣传和培训力度,让农户掌握更多价值链、价值链融资知识;加强农民职业教育,培养农业现代化所需的职业农民;提升石榴合作社自身能力,将更多农户纳入农业价值链系统,打造农产品品牌,提高其市场竞争力。同时,政府在政策和资金上应大力支持农业价值链融资发展,引导一二三产业融合发展,拓展农户增收渠道和空间。

　　第二,建立农业综合信息平台。及时收集农产品信息、农户信息、合作社信息、企业信息和市场信息。合作社根据市场需求信息来指导农户生产活动,降低入社门槛并及时发布违约、退出合作社的信息;价值链内外部主体依托信息平台了解农户、合作社等经营以及盈利情况;外部信贷提供者通过合作社向农户贷款。通过农业综合信息平台,可以有效降低价值链上各参与主体信息收集成本,从而减少信息不对称。

　　第三,扩展农业价值链融资服务。由于石榴种植具有明显的季节性,石榴生产、销售、运输等环节的资金需求较为特殊,这就需要根据其季节性、周期性的特点有针对性地设计信贷产品、金融工具。因此,金融机构在为石榴价值链参与主体提供信贷支持时,需要针对需求特性设计合适的金融服务,减少资金审批时间,提高资金供给效率。

　　第四,完善合作社规章制度。合作社在农业价值链融资中的地位十分重要,必须加快推进合作社的良性发展。完善的规章制度、合理的分配制度是合作社发展的基础和保障。作为农户社员集体代表的合作社要注重维护社员利益,加强同其他参与主体的互联关系,使所有参与主体形成一个整体,提升农业价值链竞争力,确保共享价值增值带来的收益。当然,合作社的发展需要有专门的人才,这将有助于提高经营管理水平,进而带动农业价值链融资的发展。

第九章　基本经验与对策建议

　　"三农"问题关系到我国改革发展稳定的大局,是我国经济发展的重中之重。金融是现代经济的核心,农村经济的发展离不开农村金融的支持。但是,长期以来,融资难是制约我国农业农村经济发展的瓶颈。本书创新性地从农业价值链视角探讨了解决我国农业融资问题的新思路、新方法和新措施,在理论分析农业价值链融资如何降低信用成本的基础上,实证分析了农业价值链内部融资、外部融资以及内部融资与外部融资相结合的运行机制及其信用成本,验证了农业价值链融资能够有效低信用成本。本章在总结农业价值链融资发展的经验教训的基础上,探讨了农业价值链融资发展的创新,提出了我国农业价值链融资发展的对策及建议。

第一节　农业价值链融资发展的基本经验

　　价值链融资将信用活动嵌入到农产品生产、加工、流通、销售的一系列价值增值过程中,基于上下游之间的真实经济交易,以其所生产或经营的产品作为还款保障,从而能够有效降低信用成本,并能够较好识别风险和控制风险。基于国内外农业价值链融资发展的实际,概括总结了农业价值链融资发展的经验教训。

一、农业价值链融资有效降低信用成本

农业价值链融资之所以能够发展起来,是因为其有效降低了融资的成本和风险,提高了融资效率和还款效率,增强了价值链参与主体之间的联系。对资金供给者来说,价值链参与主体为其他主体提供融资是以双方的合同或预期的商品交易为基础的,这在一定程度上构建了还款保障机制,资金借入方能够按期偿还资金借出者的借贷资金。价值链参与主体既可以是资金的借入方也可以是资金的借出方。与此同时,整个过程的商品交易和金融交易都是在价值链内部进行的,交易成本大大降低。金融机构依托价值链向参与主体发放贷款,解决了担保抵押品不足的问题,有效规避风险和降低成本。总体上来看,农业价值链融资能够提高融资供给方和需求方的整体效益,作为供给方可根据价值链的融资需求提供合适的金融产品。作为需求方要按照农业价值链生产经营的要求提出合理融资需求。以农业价值链为依托,供求双方匹配后,交易易于达成并履行,有效降低了信用成本。

农业价值链外部融资是金融机构等外部资金供给主体将农业价值链作为一个整体,通过提供灵活、全面的金融产品和服务进行综合授信,将资金有效注入到农业价值链中,满足价值链参与主体的资金需求,由此促使参与主体建立较为稳定的长期战略协同关系。这种融资方式有效降低了信用成本,确保金融机构等外部资金供给主体愿意成为价值链资金的有效供给者。本书第六章中盱眙小龙虾即通过价值链外部融资实现资金融通。通过对江苏盱眙小龙虾进行实地调研,深入了解盱眙小龙虾价值链融资模式,运用 Probit 模型分析农业价值链融资对于农户增收的作用机理,将小龙虾养殖户外部融资的信用成本分为信息成本、谈判成本、执行监督成本和风险成本,在此基础上实证分析信用成本是否对养殖户参与小龙虾产业价值链融资产生影响。研究发现:"银行+农业合作社+养殖户"的价值链外部融资模式极大降低了价值链上各主体的信用成本,解决了盱眙小龙虾的融资难问题。参与外部融资的养殖户

的生产能力和收入水平都得到了显著提高,切身利益得到保障,大大提升了养殖户的生产积极性。

农业价值链内部融资是农业价值链上的参与主体之间所发生的赊销、预付订金、租赁等资金融通活动。价值链参与主体作为资金供给主体替代外部金融机构进行融资,但通常要以出售或收购农产品方式偿还贷款。① 这种融资方式利用参与主体之间的依赖关系,自然嵌入还款机制,信用成本低。本书第七章中安徽太湖县日兴养殖农民专业合作社即通过价值链内部融资实现资金融通。在信用成本分析框架下,通过设计针对性的调查问卷对安徽省太湖县日兴养殖农民专业合作社内部农户进行调查,运用双重差分法进行分析,研究发现,农业价值链内部融资能显著促进农户收入增加。在此基础之上对衡量信用成本的四个指标(贷款是否有抵押、贷款是否需要担保、申请得到贷款需要时间的长短、为了得到贷款请客送礼所花费的资金)进行案例分析,研究信用成本对农户参与价值链融资的影响。结果表明,在价值链内部融资中,农户依托农业价值链,以合作社为核心,在贷款时无须抵押、担保、请客送礼并且融资时间较短,信用成本较低。总而言之,价值链内部融资能够节约信用成本,有效解决农户融资难问题。

在农业价值链内部融资和外部融资相结合的融资方式中,金融机构等外部资金供给者和价值链参与主体共同为整个价值链系统提供资金支持。这种融资方式充分利用内部融资和外部融资的优势和特点,降低了信用成本。本书第八章安徽省怀远县石榴价值链融资模式即为此种融资模式,即内部融资和外部融资相结合,包括"合作社+农户""合作社+农户+石榴加工企业"的内部融资以及"银行+合作社+石榴种植户"的外部融资。研究发现,内部融资和外部融资的结合解决了农户融资难的问题,促进了农户收入增加。

另外,国外的农业价值链融资实践也表明,农业价值链融资有效降低了信

---

① 张庆亮:《农业价值链融资:解决农业融资难的新探索》,《财贸研究》2014 年第 5 期。

用成本。本书第四章中日本农户和荷兰家庭农场的融资均有效实现了价值链内部融资和外部融资的有机结合。一方面,就内部融资而言,日本农协自身的供应、生产、加工等活动都可以直接为农户提供赊销、预付款等融资支持,同时,农协的信用部可以直接为农户提供资金服务,农户所需的资金绝大多数来源于农协。而荷兰家庭农场主要依托采购合作社、加工合作社、乳业公司等,通过赊销延期支付费用、提前支付订金或预付款等方式相当于向家庭牧场提供融资。基于内部融资,农户等价值链参与主体的融资活动的信用成本得到了极大的降低。另一方面,就外部融资而言,日本农协主要依托政府的政策性农业贷款和商业性金融机构,而荷兰家庭农场主要依托荷兰合作银行与政府创立的农业贷款担保基金、农业发展和改组基金。这些金融机构非常熟悉农业价值链及其参与主体,基于整个价值链系统提供融资大大降低了信用成本。

二、农业价值链融资发展的经验

目前,价值链融资在不同国家的农业产业发展中的运行模式均存在差异,特别是各国农业经济发展阶段不同,金融体系尤其是农村金融体系不同,价值链融资发展情况各不相同。但是价值链融资在农业农村经济发展中同样发挥了重要的作用,一些农业价值链融资实践中的经验仍然需要进行总结,以便能够更好推动农业价值链融资在各国的更好发展。

农业价值链融资是一套系统的、综合的融资方法。价值链融资不是针对单一价值链参与主体的融资,而是基于整个价值链体系或链条中的所有参与主体,运用各不相同、个性化的融资工具来满足各种需求。价值链融资作为一种融资方法,其融资是基于价值链的整体性、系统性及其发展能力,包括生产者、贸易商、加工商和其他参与主体在内的整个价值链体系,体现在需要参与主体之间或外部金融机构等有针对性地提供资金来满足参与主体的融资需求。价值链融资在一定程度上要匹配、迎合参与主体的融资需求,减少在常规信贷中的各种约束和限制,增加参与主体的融资可获得性。对外部金融机构而言,其参与农业价值链融资不再利用传统的抵押品来担保提供信贷服务,而是着眼于价值链市场竞争力的高低尤其是参与主体之间的合同及其交易履行情况,以此识别风险,决定是否发放贷款。也就是说,金融机构是从整体上系统、全面地分析整个价值链以及市场体系的发展状况,而不再是仅仅关注某一个市场主体的融资需求乃至几乎不考虑整个市场体系,这是典型的农业价值链融资方法。

显然,这种价值链融资方法的有效运行需要各种条件保障。首先,价值链要具有竞争力和可持续性。农业价值链融资的有效运行必须以所在的价值链具有强大的竞争力和持续发展能力为前提,否则该价值链就没有生存和发展空间,也就不会涉及价值链融资了。为了提高农业价值链的竞争力,价值链主导者、驱动者必须关注未来市场需求情况、生产加工技术使用、仓储物流交付、营销策略等并作出准确研判和不断提高改进,保障价值链竞争力不断提升,实现农业价值链可持续发展。其次,价值链参与主体之间需保持密切联系。整个价值链任何环节出现问题都可能引发系统的、综合的融资风险,有可能导致价值链解体。各参与主体在价值链系统中是一个整体,不再以独立的个体运行,唯有如此才能从总体上保证所有参与主体能够及时获得融资,降低风险,实现利益最大化。价值链参与主体之间的商品流、资金流、信息流反映了农产品价值实现和价值增值,进而最终实现价值分享。显然,利益纽带将价值链参与主体紧紧结合起来,既保障了每一个参与主体的利益,也保障了所有参与主体的共同利益。再次,实力强大的价值链主导者、驱动者不可缺少。从已有的农业价值链融资案例实际运行情况来看,实力强大的价值链主导者、驱动者是价值链融资成功的关键,而且不可或缺。价值链主导者、驱动者一般是对农产品生产经营具有丰富经验和知识储备的龙头农业企业(核心企业),具备将各类参与主体纳入价值链系统的能力。这些企业具有良好的社会声誉和市场能力,由其作为中介参与到为价值链其他参与主体的融资中,能够显著提高融资效率和降低风险。这是因为这些企业能够更加准确掌握上下游参与主体的生产、经营的第一手资料,准确判断贷款的风险,极大降低了单纯依靠金融机构自身进行风险识别的金融成本。同样,如果金融机构直接为龙头企业提供贷款的交易成本较低,进而龙头企业将所贷款项转贷给其他价值链参与主体的成本会更低,风险也会更容易得到控制和管理。当然,有些价值链的驱动者是外部的政府机构或非政府组织,这些组织也有丰富的资源和强有力的措施来推动价值链发展。最后,价值链发展需要"服务生态系统"的支持。农业价值链发展的最重要任务之一是将农户或小规模生产者纳入价值链体系,让其参与到农业现代化生产体系之中,解决小农户或小规模生产者与现代化大市场的隔绝与分割的问题。农户在价值链中需要一系列的服务,诸如投入品供应、技术指导、仓储物流服务、市场信息、融资支持、基础设施保障等,这些服务在一定程度上可以被称之为"服务生态系统"。鲁滕(Rutten,2007)构建了以农户为中心的服务生态系统,如图9-1所示。① 其可以应用于:为农户等小规模生产者提供投入品信贷;为生产者组织提供仓单融资;为加工商提供营运资本;为贸易商应收账款融资;为经销商提供远期合同、期货;为商业银行提供担保等等。这些融资工具主要是根据价值链参与主体之间的关系、合同履行及商品交易等来设计的。融资决策主要是基于对整个价值链系统的了解和认可,价值链参与主体作为一个整体而不再是独立的个体,所有参与主体都能保障自身利益进而实现整体利益最大化,强化了价值链参与主体之间的牢固关系。另外,提供农业价值链融资服务还需要丰富的经验和专门的知识,这是因为现代农业生产经营每一个环节都极其复杂,需要掌握大量的、系统的农业知识和技术,需要了解市场变化趋势、价格变化、风险大小等。这都需要对农业价值链有全面准确的认识。

一定程度上可以说,价值链融资的运行不仅需要依靠参与主体之间的利

---

① 加尔米·米勒、琳达·琼斯著:《农业价值链融资:工具与经验》,曲春红等译,中国农业出版社2017年版,第145页。

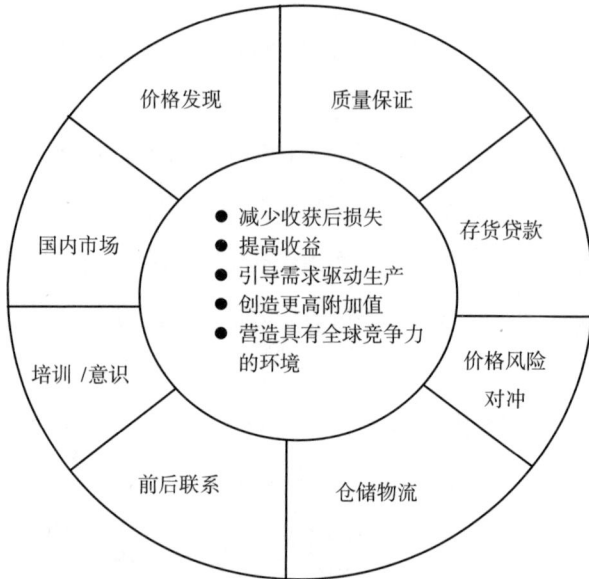

图 9-1　以农户为中心的服务生态系统

益联系,而且必须依靠对价值链知识的掌握和应用。金融机构要参与农业价值链融资,就必须掌握价值链方面的专门知识,分析和研判价值链的发展能力,设计价值链参与主体适用的金融产品和服务,调整和创新传统的金融工具以适应价值链需求,同时,将融资风险在各主体之间进行分摊。开展价值链融资首先需要掌握其商业模式。农业价值链的商业模式是指在一个从农户到生产者组织、加工商、经销商到消费者的整个农业价值链系统中各环节创造和获取价值的方式。整个系统中各参与主体的地位、作用以及相互关系如何,如何协同运行、保障权益等,只有掌握了这些基础知识和信息才能降低融资的风险。生产者驱动型价值链模式、买方驱动型价值链模式、促进型价值链模式和一体化价值链模式是比较普遍的几种商业模式。显然,不同类型的商业模式所需要的农业价值链融资的工具和机制不同。总体上来看,价值链融资方法是一个利用相关知识来确定融资服务和干预措施的办法和手段。融资实际上可以直接从一个价值链参与主体转移到另一个,也可以间接地通过第三方金融机构或"级联",这意味着融资进入价值链到达各层级的参与主体时要基于价值链内的活动。① 事实上,价值链融资侧重于依托各环节的合同或商品交易向资金需求者进行借贷,需求者将生产或加工出来的农产品进行交易获得销售收入,偿还借贷款项。这种直接的借贷和还款方式既降低了还贷风险,又节约了交易成本。特别是对于部分自身能力较弱的价值链参与主体,只有参与价值链成为体系中的一部分,才能够获得相应的融资支持,不管这些资金是来自价值链中供应商、经销商等参与主体还是来自商业性金融机构。总之,整个价值链的参与主体获得贷款的能力得到提升,每一个参与主体都会从中受益。

农业价值链商业模式不同直接影响价值链融资工具的选择和使用。事实上,不同的农业价值链商业模式意味着其运行的驱动因素不同,价值链参与主体之间的关系不同,因而在选择融资工具时会有所不同。有些价值链龙头企业的势力非常强大,价值链本身较为成熟,选择融资工具的条件就趋于宽松,但是仍然能够保证农业价值链融资的高效运行。如应收账款融资通常只能在成熟稳固的价值链中使用。而有些价值链比较薄弱或处于发展初期,龙头企业必须给予参与主体更多的指导和控制,融资工具的选择就更趋严格,以有效降低农业价值链融资的风险。不同的价值链融资工具特点不同,使用的环境和条件也不相同。仓单、保理、租赁、信贷票据等融资工具的使用,以法律法规的保障和支持为前提,这就需要国家逐步完善和健全法律法规体系和结构。同样,一个国家金融市场发展水平也会对价值链融资工具的使用产生直接的影响,甚至直接决定某些融资工具能否使用。众所周知,任何国家的金融机构采用的金融工具都是受到监管的,而农业价值链融资工具的应用也必然受到监管。如果一个国家的金融发展水平较低,必然会影响监管环境和监管能力,部分融资工具可能就无法获得运行空间。当然,价值链融资是在对

---

① 加尔米·米勒、琳达·琼斯著:《农业价值链融资:工具与经验》,曲春红等译,中国农业出版社 2017 年版,第 18 页。

价值链进行全面评估和客观判断的基础上进行的,融资工具的应用也是根据农产品价值链自身特性及参与主体融资需求所决定的。因此,不同国家和地区的同类农产品价值链模式和相应的融资工具的应用,尽管有一定程度的区别和差异,但是本质上并无明显的不同,可以相互借鉴成功经验和失败教训。

在现代市场经济环境中,农户作为分散化、弱小的市场主体没有能力参与到现代化农产品市场竞争中,只有提高农户的组织化程度、竞争力才能保障其市场主体地位。农业价值链在整合农户资源、规范农户行为、提升农户竞争力等方面有显著的优势,将游离在现代化农产品市场之外的弱小生产者引入市场,分享农产品价值增值和市场交易的好处。农户一旦被纳入农业价值链系统中,其生产经营行为就会发生根本性变化。农产品生产必须以未来市场需求为导向,农户所需的种子、化肥等供应品必须达到相应的标准,施肥、灌溉、病虫害防治等技术含量高的活动都按照严格的程序和标准进行,农产品采摘、包装、储存等也同样遵照既定的要求和技术标准,农产品的销售时机必须准确把握等等,所有这些环节和过程都要有一套严格的规范性程序。这样生产出来的农产品才是市场需求的农产品,才不会出现常见的销售难问题。组织起来的农户接受现代农业知识和技术培训,让复杂的农产品生产逐渐用知识和经验武装起来,农产品生产就像工业品生产一样逐渐流程化、标准化,生产出来的高质量的农产品为精细加工提供了良好的原材料保障。更重要的是,农户在这一过程中逐渐摆脱了对小农经济、自然经济的依赖,接受了市场经济的洗礼,主动运用市场理念和企业理论指导自身的农产品生产。签订合同、执行合同以及使用各种融资工具来保障价值链的运行成为农户应尽的义务。参与到价值链中被组织起来的农户作为一个集体,能够获得更多市场话语权,积极争取自身利益。在农户自身收益不断提升的情况下,农户具备更好的偿还能力,获得融资并及时偿还本金和利息就有了保障。总之,农业价值链提升了农户的组织化水平和市场竞争能力,反过来,农户自身能力的提升也强化了农业价值链。

价值链融资是一种系统性的综合融资方法。价值链融资也被视为是一系列的工具和机制,农业价值链融资运行需要掌握关于农业价值链的专门知识。农业价值链融资能够很好地满足农户等参与主体的融资需求,在一定程度上缓解农业融资难问题,但是并不能完全解决农业融资难问题。也就是说,农业价值链融资具有适用的有限性。第一,农业价值链融资不能取代常规融资。依托农业价值链进行的融资更多依赖于各种合同及其交易履行,这仅仅是价值链参与主体一部分的农产品生产经营活动。除此以外,参与主体还有大量的生产活动和生活需求。也就是说,农业价值链融资具有一定的局限性,特别是大部分与农产品生产紧密相关的融资属于短期融资,不能取代常规的金融机构融资。事实上,包括农户在内的广大农业生产经营主体的金融需求是多元化、多功能的,仍然要由各类金融机构或非金融机构提供融资便利和金融服务。价值链融资只能解决与价值链相关的融资需求,不能解决所有的金融需求。第二,农业价值链运行风险不能完全消除。任何农业价值链在运行中都会面临各种不可控因素的制约,如自然灾害、需求变化、价格波动等,尽管可以通过保险、价格对冲等措施进行缓解,但是依然不能完全消除风险。第三,价值链参与主体需要丰富的金融服务。农户、小规模生产者等价值链参与主体除了依托价值链获得的借贷以外,还需要存款、理财、农业保险、医疗保险等金融服务,这些多元化的金融服务超越了农业价值链融资的范围和能力。第四,农业价值链运行面临挑战。农业价值链融资的作用发挥需要价值链的封闭高效运行,而现实中各种违约行为的出现,导致价值链的整体性遭到破坏。因此,加强价值链参与主体之间的密切联系,需要通过运行机制设计实现参与主体主动承担义务,采取激励措施实现风险共担、利益共享,共同面对挑战消除各种障碍。

第二节　农业价值链融资发展的创新

随着农业价值链一体化发展的不断规范和完善,农业价值链融资已经在最基本的信贷关系的基础上发展成为高度结构化的融资行为。融资工具从传统的保险、投入品供应商信贷、贸易商信贷等发展到仓单、远期合同、保理等精细复杂的创新性方式,其融资方法、技术及运行机制实现了跳跃式提升。事实上,农业价值链融资的生命力在于创新,创新农业价值链融资的方式、途径以及做法成为必然的趋势。结合国内外农业价值链融资发展的实际,笔者从价值链创新、金融创新、技术创新以及一个价值链融资模式创新案例来探讨农业价值链融资的创新。

一、农业价值链创新

农业价值链是一个复杂的系统。传统上将农业价值链视为农产品从生产到消费的单一链条具有很大的局限性,价值链参与主体之间形成了一种复杂的链式关系,农业价值链作为一个整体与外部环境发生联系并形成一个复杂的系统。任何一条农业价值链的发展都会首先受到不断变化的市场需求的影响。也就是说,农业价值链的发展不仅取决于内部参与主体之间的关系、原材料供应、技术服务、融资可得性等因素,而且还取决于政府、文化、社会、经济等外部市场环境等因素,其直接制约和影响价值链的能力提升。政府农业主管部门的支持有利于推动价值链融资的创新。市场准入方面,创造公平的市场环境,允许价值链参与主体自由进出,能够推动订单农业、龙头企业驱动、垂直一体化生产等;技术服务方面,通过提供技术支持引导价值链参与主体进行标准化生产,进而加强参与主体之间的关系,控制和管理价值链;商品交换方面,采用合理的市场价格促进销售,加强风险管理;提升产业竞争力方面,引导建立生产者自治的协会或生产者组织,制定营销战略,实施品牌推广、促销、产品差异化等策略。就农业价值链主导者而言,龙头企业、金融机构、生产者协会、非政府组织等在价值链创新中也需积极行动,不仅要保障自身利益和目标诉求,而且也需关注引领和带动其他参与主体,并维护价值链系统的整体利益。一定程度上可以说,农业价值链创新是基于价值链参与主体及外部利益相关者共同行动的结果,通过创新总体上能够更好实现自身发展。

另外,需要特别强调的是,一条农业价值链不再是孤立存在的,它通常是由多个价值链组成的一个子部门甚至是一个全球产业的一部分。这个子部门可能包含运到不同市场的各种产品,各价值链之间的互相交错,以及一条线路上的活动可能会影响其他线路上的活动。① 也就是说,分析和认识一条价值链,不能完全局限于这条价值链本身,而应该更为全面分析和认识与此相关的多个价值链,并掌握多条价值链的变化和创新,研判价值链之间的相互影响。这样,及时关注相关的其他价值链创新的做法和经验,主动创新自身价值链。

二、金融创新

农业价值链创新与金融创新相互促进、相互依托。价值链创新直接产生新的金融需求,金融机构等外部信贷资金供给者要想满足这些新需求必须进行金融创新。同样,金融创新的出现也是为满足价值链创新的新融资需求作出的调整。价值链融资工具的创新适应了自身发展的需求,降低了金融机构的融资风险,实现了价值链创新和金融创新的良性互动。金融机构等外部信贷资金供给者依托农业价值链,根据第三方协议来决定为农户或其他价值链参与主体提供融资,突破了传统的必须有抵押品才能放贷的要求。特别是金融机构等外部信贷资金供给者依托农业价值链向龙头企业或核心企业提供贷款,龙头企业或核心企业再向价值链其他参与主体提供贷款。这种贷款方式

---

① 加尔米·米勒、琳达·琼斯:《农业价值链融资:工具与经验》,曲春红等译,中国农业出版社2017年版,第113页。

大大降低了贷款的交易成本,减少了银行的经营风险。如仓单融资和远期合同等融资工具使得价值链中的农户或小生产者不急于出售自己的农产品,等价格更合适时再售卖农产品,保障了其获得更高收益,提高了贷款偿还能力。

在"农业价值链+互联网金融"的农业价值链融资模式中,农业价值链中的主导者企业不断加强金融创新,为价值链参与主体量身定做个性化的金融产品,不仅满足了农业生产经营的资金需求,而且满足了多样化的金融服务需求。如大北农集团开发的"农富贷""农富宝""农富通"等金融产品,作为融资工具为农户提供资金筹措与融通,作为支付工具减少购货时的现金支付,作为理财产品提高农户闲散资金的收益。京东集团的京东金融开发的"京农贷"为农户提供贷款、理财、消费等多元化的金融服务,还与中华联合财产保险股份有限公司联合开发"京农贷——养殖贷"金融产品,创新性地引入了保险机制。显然,这些金融产品的创新是基于大数据信息进行风险识别和数据挖掘,利用信用风险模型研判、控制借贷风险,最终实现了低成本运行。

三、技术创新

技术在农业价值链融资中扮演和发挥着重要的作用,离开了技术的支持,农业价值链融资将不复存在。这些技术有农产品生产加工技术、大数据技术、金融技术以及互联网技术等等。技术的创新及其应用,对金融工具的创新发展产生了决定性的影响,出现了手机支付、电子银行等;对商品交易方式的创新变革更大,出现了电子商务、网络贸易、跨境电商等;对信息的收集、管理、分析等提供了支持,便利了对客户风险、盈利能力、市场前景、食品安全等的分析决策;等等。显然,这些新技术的应用变革了价值链融资的很多传统做法,将农业价值链融资提高到一个新的层次和水平。比如,手机等各种移动终端与管理信息系统(MIS)或大数据库的结合,可以实时记录价值链参与主体在各种商品交易平台的活动,与此相关的货款支付、贷款偿还、储蓄存款以及其他的金融交易也会实时呈现。这就将金融机构与价值链参与主体之间发展成为一种新型关系,也就是金融机构、价值链驱动者或主导者能够方便地获得其他参与主体的相关信息,解决了导致信用成本增加的信息不对称问题,使得其能够主动决定对其他参与主体的融资。

随着"互联网+"时代的来临,农业价值链被互联网技术深刻改变着,农业价值链融资也在发生着变革。一方面,互联网技术已成为提高农业生产经营效率的关键性手段,使农业生产、加工实现精确化、标准化,农产品交易方式现代化、网络化;另一方面,互联网技术也对参与主体历史诚信、信贷资金的使用流向、农产品交易后获得资金的使用、及时偿还贷款等信息进行全程跟踪,农业价值链融资的风险得到有效控制,交易成本极大降低。"农业价值链+互联网金融"的农业价值链融资模式应运而生,新型金融形态——互联网金融利用互联网技术依托农业价值链为农户、家庭农场、加工商、经销商、农业企业等参与主体提供金融服务,实现整个农业价值链体系的不断增值,进而保障所有参与主体的经济利益。其中,大数据技术是互联网金融工具成功运用的基础。农业价值链参与主体利用电子商务平台进行交易,运用大数据技术可以对每一个参与主体进行信息数据处理和挖掘,有针对性地开发面对特定参与主体的数据驱动风险控制融资方案。

四、融资模式创新案例

农业价值链融资创新在很多方面取得了积极进展,一体化价值链融资模式创新就是其中较为典型的成功案例。一体化农业价值链基于价值链各参与主体之间的相互联系、相互依存,利用一体化的、全面的方法,把价值创造和价值增值纳入到链条之中,最大限度地提高参与主体的利益,实现价值链系统的整体发展。事实上,应用一体化价值链融资模式解决了参与主体的融资需求,特别是创造性地应用了仓单融资、票据托收、保理等融资工具。印度的 YES Bank 主导的一体化价值链融资模式就具有很强的创新性,值得关注和研究。

YES Bank 有限公司是印度的一家私营银行,其主导的价值链融资一体化模式将拥有现代化生产和加工设施的一体化农业食品园(IAFP)与各地的乡村转型中心(RTC)结合起来,形成一体化的价值链。图 9-2 为食用油价值链融资工具。[①] 一体化食用油价值链融资的主要工具有作物贷款、仓单融资、信贷、供应商票据贴现等。农业食品园(IAFP)针对价值链参与主体的个性化融资需求提供对应的信贷产品,同时有效分散了整个农业价值链中各利益相关方的风险,为价值链融资的正常运行提供强大的支撑。

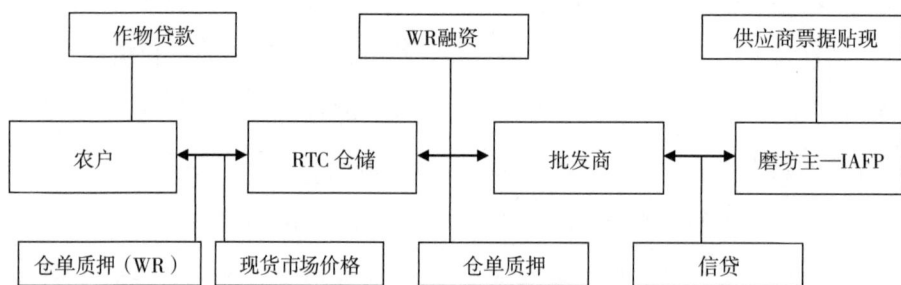

图 9-2　食用油价值链融资工具

YES Bank 主导的一体化价值链融资模式比较有代表性的是乳品价值链融资,如图 9-3 所示。[②] 在一体化乳品价值链融资中,农业食品园发挥着重要的作用,它不仅能够为乳品价值链参与主体提供融资服务,而且也能够提供非金融服务,确保农户或小生产者等销售乳品来收回贷款。农业食品园围绕乳品价值链提供奶牛、饲料、技术指导、市场信息、加工、销售等服务,强化了乳品价值链各参与主体之间的协同关系,实现了价值链的信息流、产品流和资金流的集成管理,有效实现了价值增值和利润分享。一体化农业价值链融资模式将农业生产从一个无组织、供应驱动、低附加价值的传统方式,发展成为一个

---

① 加尔米·米勒、琳达·琼斯:《农业价值链融资:工具与经验》,曲春红等译,中国农业出版社 2017 年版,第 138 页。

② 加尔米·米勒、琳达·琼斯:《农业价值链融资:工具与经验》,曲春红等译,中国农业出版社 2017 年版,第 139 页。

有组织、需求驱动、高附加价值的农业价值链方式,彻底改变了农户或小生产者在传统农业生产中的地位,农户真正成为现代农业发展的主力军和农业现代化的先锋。

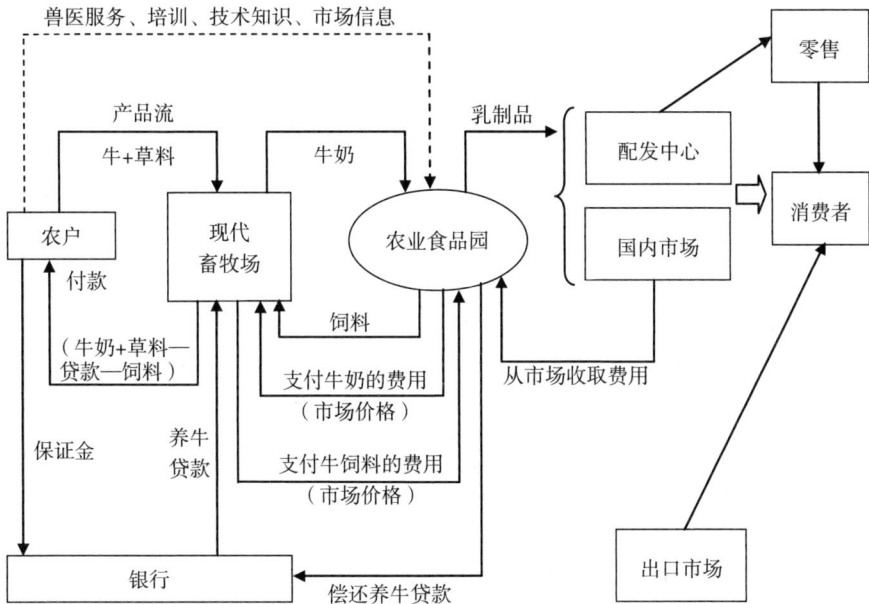

图 9-3 一体化乳品价值链融资

第三节 我国农业价值链融资发展的对策建议

农业价值链参与主体既是整个链条上物质资料的供给者,同时也是信贷资金的需求者,因而充分发挥其在价值链各环节中所起的作用既能最大限度地完善价值增值与分享机制,又能进一步促进农业价值链融资的发展。① 农业价值链参与主体主要包括农户、农民合作社、加工商、销售商、金融机构等。

---

① 邢伟:《从价值链融资视角论中国农业产业化经营的融资问题》,《世界农业》2015 年第10 期。

同时,政府以及第三方利益相关者(如物流企业、保险公司等)虽然不直接参与农业价值链融资,但其间接推动农业价值链融资的发展,同样具有重要的作用。结合前面总结的农业价值链融资发展的经验和创新,笔者从政府、农业价值链主导者、金融机构以及第三方利益相关者(物流公司、保险公司)方面对我国农业价值链融资发展提出对策建议。

一、发挥政府的引导和扶持作用

农业是国民经济的基础,作为先天性的弱质产业,是天然需要支持和保护的产业。在我国农业现代化的过程中,如何发挥政府的作用,支持和保护农业的发展是一个长期的课题。显然,在农业价值链融资发展的过程中,发挥政府的引导和扶持作用尤为重要。

事实上,政府采取有效措施推动农业价值链的发展,进而就为价值链融资发展提供了外部支持。政府的农业部门提供相关政策支持,价值链参与主体因获得支持而提升能力强化了整个价值链,从而获得更多的融资渠道。考尔(Ghore Y.,2007)从创新信息和通讯技术(ICT)、提高农民组织化程度、改善风险管理工具、提供多元化融资工具等方面分析了政府的引导和扶持行为。总体上来看,政府应在基础设施建设、法律法规完善、金融支持政策和财政税收政策等方面发挥作用。

加强农业基础设施建设。基础设施是关键,是农业价值链融资工具得以有效运行的保障,主要涉及水电路保障、仓储物流、信息技术基础设施等方面。农业用水资源供给及灌溉技术推广、农业用电供给和道路畅通等是农业发展的基础服务,应当全力保障。加快支持农产品仓储、物流基础设施建设是政府的重要职责。政府可通过投资建设一批骨干仓储保鲜、冷链物流基地,引导社会资本建设仓储、冷链物流设施,支持家庭农场、农民合作社、物流企业、龙头企业建设产地分拣包装、冷藏保鲜、仓储运输、初加工等。如仓单融资必须有合适的仓库,并且保证商品交易后通过公路、铁路、水路、码头等的物流畅通无阻,这些基础设施的建设如果没有保障,仓单融资就不可能发展起来。此外,还应开展国家数字乡村试点,建设农业农村大数据中心,加快物联网、大数据、区块链、人工智能、第五代移动通信网络、智慧气象等现代信息技术在农业领域的应用。显然,信息技术基础设施建设不到位,手机支付、网络银行、网络交易等就无法进行,期货、远期合同等融资工具就无法运用。

完善涉农法律法规。农业价值链融资的发展需要有良好的外部环境,这需要法律法规来保障。从微观上讲,各种融资工具的具体应用需要法律法规的支持。任何一种融资工具在实际运行中都会涉及价值链参与主体以及其他利益相关者的利益,产生纠纷和矛盾在所难免,如何更有效、快捷地处理好双方或多方纠纷,直接影响和决定这种融资工具运用效率甚至整个价值链能否存在下去。从中观上讲,农业产业发展的行业标准、农产品质量保证、地理标志农产品认证等,需要政府来主导制定。只有具备统一的标准,才能打造地方知名农产品品牌,增加优质绿色农产品供给。从宏观上讲,国内外市场的开放、国家农业支持法规、金融机构涉农业务规定以及农村金融机构市场准入与退出等,为农业价值链融资提供了外部支持。强化全过程农产品质量安全和食品安全监管,建立健全追溯体系。制定农业及相关产业统计分类并加强统计核算,全面反映农业生产、加工、物流、营销、服务等价值链各环节的价值。当然,需要农业价值链参与主体、利益相关者以及政府决策者等一起为涉农法律法规的完善发挥作用。

加大金融支持力度。首先,在农业资金供给上,中央银行可以实行差异化政策。对农村信用社、村镇银行、小额贷款公司、农村资金互助社等存在于农村地区的小型金融机构,应当扩大资金供给,实行差别存款准备金,降低直接面向"三农"的金融机构的存款准备金率,增加农业资金来源。其次,在农村金融创新上,政府应适当放宽新型金融机构的准入政策和准入门槛,为金融组织和金融工具创新营造一个宽松的环境。例如准许大型金融机构参股或控股各种新型农村金融机构,以促进中小型农村金融机构的快速发展;对农村资金互助社等新生金融机构,政府和相关监管机构也应尽可能给予扶持,使其经营活动可以真正弥补合作金融实质上的欠缺。再次,政府应适度调整涉农金融组织放贷利率。在利率政策上,政府一直推行低利率来实现扶贫的目的,为了减轻农村低收入者的利息负担,甚至出现涉农信贷利率不能弥补成本的现象。基于追逐自身利润最大化的动机,金融机构在农村金融市场难以获得利润的结果,只能是放弃农村市场,开拓和寻找其他前景更好、赢利更高的金融市场。这样农村金融市场就面临资金短缺的状况,农业生产经营活动受到制约。为了吸引更多资金主动流向农村市场,解决农业发展中的资金需求问题,需要政府适度放开涉农金融服务的贷款利率上限,以此调剂资金的供给与需求。最后,在金融工具创新上,大力支持适合农业价值链发展的金融产品先行先试。稳妥扩大农村普惠金融改革试点,鼓励地方政府开展县域农户、中小企业信用等级评价,加快构建线上线下相结合、"银保担"风险共担的普惠金融服务体系,推出更多免抵押、免担保、低利率、可持续的普惠金融产品。优化"保险+期货"试点模式,继续推进农产品期货期权品种上市。发挥全国农业信贷担保体系作用,推广面向新型农业经营主体的担保业务。推动温室大棚、养殖圈舍、大型农机、土地经营权依法合规抵押融资。[1]

实施财政税收政策。制定并实施各种有利于农业产业发展的财政税收政策,调动各种社会主体投资农业的积极性,建立农业投融资发展的长效机制,确保农业可持续发展的资金可得性和有效性。支持各地立足资源优势打造各具特色的农业价值链,建立健全农民分享价值链增值收益机制。[2] 加快建设国家、省、市、县现代农业产业园,引导形成有竞争力的农村一二三产业融合发展的农业产业集群。重点培育支持家庭农场、农民合作社等新型农业经营主

---

① 《中共中央　国务院关于抓好"三农"领域重点工作确保如期实现全面小康的意见》,《人民日报》2020 年 2 月 6 日。

② 《中共中央　国务院关于抓好"三农"领域重点工作确保如期实现全面小康的意见》,《人民日报》2020 年 2 月 6 日。

体,引导农业产业化龙头企业将小农户融入农业价值链。符合条件的家庭农场等新型农业经营主体可按规定享受现行小微企业相关贷款税收减免政策。抓好农业保险保费补贴政策落实,督促保险机构及时足额理赔。特别是加大对农业价值链的驱动者、主导者——农业龙头企业各类财政税收政策的支持。及时落实对农业龙头企业减税降费等支持政策,并根据其在农业价值链中发挥的作用,尤其是带动农户或小规模生产者的情况,再给予更大的支持和优惠,增加龙头企业驱动农业价值链发展的积极性和主动性。

二、发挥价值链主导者的驱动作用

农业价值链的发展需要有价值链主导者(驱动者)发挥驱动作用,才能将价值链其他参与主体以及利益相关者有机整合为一个系统,从总体上形成价值链竞争力。在此基础上,农业价值链融资才能出现和发展。一般认为,根据农业价值链主导者的不同,可以将价值链的商业模式分为生产者驱动型价值链模式、买方驱动型价值链模式、促进型价值链模式和一体化价值链模式。也就是说,农业价值链主导者主要有生产者协会或农民合作社、龙头企业(大规模生产者、加工商、出口商、贸易商等)、非政府组织、商业性金融机构等。

积极发展大型农业龙头企业。在我国农业现代化过程中,龙头企业(核心企业)已经成为农村经济发展的主力军、领头雁和开拓者,是现代农业发展的骨干力量和强大主体。龙头企业是经市场经济历练和洗礼成长起来的市场主体,对市场需求及未来发展趋势有深刻的认识和把握,能够带动价值链其他参与主体融入市场经济大潮中参与竞争。龙头企业在工业化理念和现代企业理论的指导下,逐步完善现代企业治理体系,建立健全全产业全要素链条,发挥了资源的集约优势、产业的领军优势、市场的开拓优势,成为打造现代化农业产业经济新体系的强大力量,一定程度上可以说是整个乡村产业振兴和农业现代化的决定性因素。特别是在农业价值链中以其领先的理念更新、制度创新、技术革新和数字技术等引领农户、小生产者等参与主体进入现代化大市场进行竞争。

改组各类合作社组织。目前我国农民专业合作社、供销合作社、农村信用联合社等在农村社会经济发展中发挥了一定的作用。但是这些合作社组织之间并没有形成合力、作为一个整体发挥作用,导致其服务农户、社员等的作用明显不足。这与农业现代化和乡村产业振兴的要求相去甚远,特别是这些组织几乎很难在农户参与的价值链中发挥主导者作用。而从世界各国和地区的合作社组织发展较好的经验来看,合作社已经有力地直接参与到农业价值链中并成为主导者,能够提供包括融资服务在内的其他全方位、一体化的服务,承担了供应商、加工商、经销商、金融机构、保险公司等角色。合作社不仅能够为农户提供农产品生产经营系统的、综合的全方位服务,而且能够为农户的生活提供详细的、周到的全方位服务。显然,我国的合作社在农户的生产经营、生活消费等方面提供的服务更多是零散的、单一的。这就需要彻底改组现有的供销合作社系统、农民合作社、省级信用合作联社等,整合形成全国自下而上的统一的、综合性的合作社组织。合作社组织可以为农户和小生产者参与制定农业政策法规、加强国际合作与交流、提供法律和信息服务,也可提供构建农产品销售网、增加销售效率、实行农产品标准化、打造农产品品牌、引进数字化销售工具、提高农业投入等服务,同时提供银行、保险、证券、信用卡、期货投资、合作社金融等银行及保险业务。总之,我国合作社要想在农业价值链发展中发挥作用,必须痛下决心,进行根本性改革。

此外,各种形式的组织在价值链中扮演和发挥了主导者的作用,推动了农业价值链融资的发展。如联合国粮农组织(Food and Agriculture Organization of the United Nations,FAO)在拉丁美洲的厄瓜多尔、秘鲁等开展贸易商融资,孟加拉国的 BRAC Bank 设计的投入品供应商信贷,拉美金融服务集团推动的一体化价值链融资模式等。特别是印度的国家发展投资及咨询服务公司(BASIX)、印度的多种商品交易所(MCX 印度)、全国现货交易所有限公司(NSEL)和国家散货装卸公司(NBHC)整合形成一个集农业贸易、融资和风险管理于一体的仓库管理公司,该系统能够提高价值链参与主体在仓储、物流、融资、营销等方面的能力,进而提高整个农业价值链的效率和能力。国家散货装卸公司能够为价值链参与主体提供仓库和融资服务。尤为重要的是降低了融资成本,提高了运营效率,提升了农户的议价能力,获得了更高的收益。这些价值链主导者推动的农业价值链融资的经验值得借鉴。

三、发挥金融机构的支持作用

众所周知,以市场为驱动的价值链效率最高、效益最好。尽管金融机构一般不具备评估市场需求、市场趋势的能力,但是基于对农业价值链及其主导者的信心仍然愿意为参与主体提供融资。也就是说,金融机构要充分认识到价值链系统的优势以及价值链融资所嵌入的还款机制,进而降低融资成本、保障融资安全。当然,金融机构作为价值链上最重要的资金供给主体,需要加强对国内外市场的研究和判断,准确把握农业价值链竞争力和潜在价值,从而一定程度上降低融资的风险。

搜集和利用价值链信息。价值链融资立足于整个价值链系统,从总体上来考察价值链持续运行状况以及参与主体的收益情况,这就要求金融机构掌握价值链运作情况及价值链内部的各类业务知识信息。搜集价值链信息最重要的途径就是金融机构与价值链主导者建立更为紧密、固定的关系。金融机构利用所获得的信息为价值链参与主体提供融资,有力支持并强化价值链。事实上,价值链信息能够较为准确地体现价值链参与主体在链中生产经营活动情况,以及参与主体在价值链中诚信履约情况等,这些信息可以随时被监测和记录,并被应用于金融机构融资的评估依据和风险规避中,成为降低融资风险的重要依据和基础。价值链参与主体实力、价值链动态变化、风险管理系统、价值链治理体系、合同履约、市场信息、信用交易成本等信息也是需要考虑的。

创新适合的融资产品。金融机构要针对价值链上不同参与主体的资金需求进行调研,在成本收益原则下,开发设计适合的融资产品,运用不同的产品组合来满足其需求。农业价值链融资以价值链为依托,整合价值链内外部的金融资源,通过提供一体化、全方位的金融服务解决方案,满足价值链参与主体的金融需求。这些融资工具主要有贸易融资、核心企业融资、租赁融资、商品融资、仓单融资、应收账款融资、采购订单融资、农业信贷票据、远期合同、期货交易等。针对不同的农产品价值链实际运行情况,可以根据农产品生产、加工、流通、销售等不同环节的资金需求,设计相应的金融服务解决方案,提供系列的融资产品和信贷服务。需要指出的是,金融机构要注重开发创新性金融产品,以及适当改造传统金融产品以适应不同的农业价值链。

充当价值链主导者。在农业价值链发展过程中,部分价值链的主导者就是金融机构,由其驱动整个价值链有效运行。金融机构在价值链中居于中心地位,充分了解和掌握价值链参与主体的情况以及价值链业务运行情况,确保参与主体之间的有机联系和有效衔接,以此为整个价值链提供全方位的、综合的支持服务,包括融资服务。特别是金融机构主导的农业价值链已经将商品交易、金融交易的资金流通纳入到其内部,参与主体之间的资金流通都直接记入其在金融机构开设的账户上,一定程度上金融机构可以控制参与主体的资金,大大降低了运行成本。因此,金融机构主导的农业价值链成为解决农业融资难的有效途径,需要采取有效措施促进其发展。

加强与第三方利益相关者的联系。价值链的成功运行不仅依赖价值链参与主体,还依赖为价值链提供支持的各类主体——物流公司、科研机构、评估机构等。金融机构与第三方利益相关者加强联系,不仅有利于金融机构转变观念,而且有助于从市场前景和价值增值的角度考察融资需求方,加强对价值链的风险控制。实际上,第三方利益相关者在自身业务范围内是非常专业的,其能够对价值链融资发展提供良好服务和支持。这有助于金融机构借鉴其中的经验,提升金融服务水平,扩大业务范围。

四、发挥第三方利益相关者的保障作用

农业价值链中的第三方利益相关者主要是支持价值链发展的服务提供商,包括保险公司、物流公司、信息运营商、包装商等。这些公司的高效服务能够提高农业价值链的竞争力,为农业价值链融资发展奠定基础。

(一)提高农业保险保障力度

发达国家农业发展的实践表明,现代农业的发展离不开与之相匹配的农业保险的同步发展,一旦在现代农业生产中出现重大风险,农业保险能够为农业生产提供风险保障。可以说,一个国家农业保险发展水平及其覆盖密度在一定程度上可以体现一个国家农业发展水平的高低和抵御风险能力的强弱。我国农业在现代化发展的过程中,既面临着农业生产的各种自然风险的挑战,也面临着农产品加工、销售的各种市场风险的制约,这就需要农业保险参与其中规避风险、化解风险。总体上来看,目前我国农业发展水平还不够高,农业生产风险居高不下,农业保险机构几乎无力承担赔偿责任,影响了农业保险的普及、推广。事实上,农户等小规模生产者在生产经营中面临着难以估量和掌握的各种风险,这些风险本应由政策性农业保险、合作性保险与商业性农业保险共同承担,但是由于政策性保险、合作性保险发展不足,导致商业性保险无力承担,农户等小规模生产者成为商业性保险的排斥对象,长期无法享受到正常的保险服务。而农业价值链融资的有效运行将有助于解决这一困境,这主要是由于农户等小规模生产者作为价值链参与主体,其生产经营活动被纳入价值链体系,成为现代农业的一个组成部分,离不开农业保险的保驾护航。可以说,农业保险能够最大程度减少农产品生产经营面临的风险和可能导致的损失,尽管需要支付一定的保险费用,但是能够实现整个价值链利益最大化,保证农户等小规模生产者获得稳定的收益。农业价值链融资能否可持续发展离不开农业保险的有力支撑,这就要求充分发挥政策性保险的兜底功能,推动

合作性保险积极发展,在此基础上,大力鼓励商业性保险快速发展,为农业价值链融资发展提供多层次、多样化的保险服务。

(二) 促进第三方物流升级发展

目前我国农村物流基础设施普遍落后,分布不均衡,包装、加工以及配送等综合功能薄弱。物流企业与金融机构联系不密切,金融机构对物流企业的了解不深入,从而不能很好地了解整条价值链的信息,这一方面导致价值链融资难以顺利实现,另一方面也降低了农产品的流转速度,阻碍资金的回流。[1]因而,当前发展第三方物流迫在眉睫,本书认为可以从以下几个方面进行:第三方物流公司根据业务发展规模逐步加大投资力度,同时根据现有的资产状况循序渐进地加快基础设施建设;针对不同农产品生产、加工、销售等的特殊需求和具体要求,提供个性化的便捷物流服务和增值服务;在安全管理、信用管理、品牌管理、财务管理等方面建立起完善的风险处理体系,提高企业对风险的应变能力和抗风险能力;加强与价值链上其他主体的沟通与交流,及时向其他主体尤其是金融机构提供与自身经营相关的物流信息,更好地提高农产品流转速度,加快资金的回流;重视物流人才的培养和引进,构建完善的人才体系。一方面,建立起企业内部科学的人才培训、培养机制,建立有效的激励体系,培养人才、留住人才;另一方面,营造良好的人才引进环境,构建多渠道的引进体系,吸引人才的流入。

前文从几个主要方面对我国农业价值链融资发展提出了对策建议,具有较强的针对性和可操作性,有助于推动农业价值链融资的发展。特别是农业价值链融资有效实现了商业信用与银行信用的结合、正式金融与非正式金融的结合、外源融资与内源融资的结合、现金交易与信用交易的结合,拓展了农业融资的思路和做法,有效解决了抵押品缺失、信息不对称、交易成本高等问

---

① 周秀娟、张庆亮:《农民专业合作社融资难问题解析——基于农业价值链视角》,《宿州学院学报》2016 年第 3 期。

题,为满足农户、农业企业等价值链参与主体的融资需求提供了保障。总之,采取有效措施促进和推动农业价值链融资发展是极为迫切的。

在前面的内容中,笔者明确提到农业价值链融资尽管可以作为解决融资难的有效方法和措施,但是其并不能完全取代常规农业融资,也就是说,农业价值链融资有一定的局限性。同时,价值链参与主体的力量、地位、作用不同,参与主体之间的不平等问题难以解决,影响了价值链融资的效果和作用发挥。显然,解决与农业价值链相关的融资需求是价值链融资的内在要求、优势专长和鲜明特点,而农户、农业企业等非农业价值链相关的融资需求不在价值链融资的业务范围之内,需要由农村金融体系去提供融资服务。

事实上,农业价值链融资与农村金融体系有着密切的关系,两者并行不悖,而且相互支持、相互促进。一方面,农业价值链融资的发展仍然离不开农村金融体系的支持。农村金融机构能够为价值链融资提供较大规模的资金支持,离开了这些资金支持,价值链主导者及参与主体将难以满足其资金需求。农村金融机构的金融产品创新也可以为价值链融资所采用和借鉴。完善、健全的农村金融体系是实现农业农村现代化的必然要求,是发展农村资本市场的坚实基础,是农业价值链资金供给的可靠渠道。另一方面,农业价值链融资也促进了农村金融体系的完善。农业价值链融资的发展提高了农户、农业企业等价值链参与主体的经济收益,促进了农村金融机构的金融服务多元化,这为农村金融发展提供了空间。农业价值链融资参与主体的生产经营除需要内部融资外,还需要农村金融机构为其提供外部融资,特别是中长期的贷款。显然,发展农村金融体系是农业价值链融资发展所需要的。

长期以来,我国农村金融体系主要是由农村商业银行、邮政储蓄银行、村镇银行、小额贷款公司和农村资金互助社以及农业银行、农业发展银行等金融机构构成的。应该说,在这一体系的形成过程中,农户、农业企业等市场主体的融资难问题得到了一定的缓解,但并未得到根本性解决。目前,我国农村金融体系完善还存在诸多不足,自上而下与自下而上相结合的发展格局尚未形

成,构建充分自由竞争的市场机制十分迫切。在探索构建完善的农村金融体系中需要着力推动做好以下工作:

一是实现金融机构自由竞争。改革现有农村金融机构,放宽市场准入,培育多元化农村金融体系。当前我国农村金融体系竞争不充分,必须引入新的金融机构活跃农村金融市场。这就需要降低市场准入的门槛,允许民营资本及外资进入,发展一批有实力的大中型农村金融机构。鼓励各地结合实际情况,创新性地推动多种所有制形式、不同治理结构的小微型金融组织的发展。要加大现有金融机构改革力度,重构现有的农村金融机构体系,明确农村金融市场所有金融机构的定位、职责和分工,形成合理的组织机构体系。

二是推动利率市场化改革。农业生产经营的特殊性决定了其自然风险、市场风险等偏大,农村金融机构在提供金融服务时的利率自然要求更高。在体系比较完善的情况下,农村金融机构的竞争就会比较激烈,市场交易双方自主决定资金交易的期限、价格等,有利于形成市场化利率,实现资金优化配置。事实上,农户等小规模生产者资金需求的小额性,以及由此引发的较高交易成本,必须以稍高的贷款利率才能保证金融机构的可持续运行。显然,这种利率市场化改革是必需的,只有坚持市场竞争原则和可持续发展原则才能确保金融机构有一定的盈利空间。当然,政府可以通过发放农业贷款利息补贴,制定灵活的税收优惠政策等措施来提高双方的积极性。

三是促进金融业务创新。根据市场发展变化提供满足不同需求的金融产品,通过持续的业务创新拓展金融服务的边界,实现对更多的农户等小规模生产者的金融支持。开展农村金融产品和服务创新,可以尝试推广小组式贷款和贷款担保。小组式贷款是指农户等小规模生产者自由组合为贷款小组,任何一个小组成员向农村金融机构贷款,其他小组成员对该笔贷款负有担保责任,如果不能按期还本付息,其他小组成员则代为偿还贷款本息。显然,这种贷款模式能够有效缓解信息不对称、监管成本高的问题。一方面,最大限度减少信息不对称。小组成员相互之间比较熟悉,任何成员都会选择有实力、信誉好的人作为合作伙伴,能够及时了解、掌握借款人的贷款使用情况和生产经营情况,保障农产品销售后及时偿还贷款本息。另一方面,最大限度降低监管成本。借款人违约的代价要由其他小组成员承担连带责任,这就激励小组成员主动相互监督、参与贷款管理,无须专门对贷款进行过程管理,降低了监管成本。贷款担保是指农户等小规模生产者由于自身条件制约无法从商业银行获得贷款,担保公司应其请求向商业银行担保,以担保公司承担连带偿还责任为前提,商业银行向农户等小规模生产者发放贷款。这就需要明确市场准入门槛,积极推动农业贷款担保公司发展。一般来说,这些贷款担保公司有国有独资及控股公司、公私合营公司、民营公司(含外资公司)等多种股份制组织形式。农业贷款担保公司应立足农村,面向农户等小规模生产者,发挥农户、小生产者与农村金融机构之间的桥梁作用,及时为客户提供优质服务。

主要参考文献

［1］坂下明彦:《日本农协的组织、机能及其运营》,《农业经济问题》2000 年第 9 期。

［2］卞靖:《破解农村融资难题提升农村金融服务水平——基于交易成本视角的分析》,《中国物价》2012 年第 5 期。

［3］蔡智:《浅析产业链融资及其在我国农业领域的应用问题》,《湖北农村金融研究》2011 年第 11 期。

［4］曹明华:《产品价值链:农业产业化的一个分析视角》,《贵州财经学院学报》2004 年第 5 期。

［5］陈贺:《基于供应链视角的农业产业链融资分析》,《农村金融研究》2011 年第 7 期。

［6］陈柳钦:《日本农协的发展历程、组织、功能及经验》,《郑州航空工业管理学院学报》2010 年第 1 期。

［7］丁宁、牛俊英:《农业价值链融资模式:一个创新模型的构建》,《农村经济》2015 年第 4 期。

［8］冯昭奎、林昶:《日本农协的发展及功过简析》,《日本学刊》2009 年第 2 期。

［9］郭颂华:《中小企业融资成本分析》,《南方金融》2002 年第 5 期。

［10］何广文、潘婷:《国外农业价值链及其融资模式的启示》,《农村金融研究》2014 年第 5 期。

［11］何禹霆、王岭:《扩展的交易成本理论视角:经济组织治理逻辑的重新审视》,《现代财经》2008 年第 6 期。

［12］洪银兴、郑江淮:《反哺农业的产业组织与市场组织——基于农产品价值链的

分析》,《管理世界》2009 年第 5 期。

[13]朱凤涛、李仕明、杜义飞:《关于价值链、产业链和供应链的研究辨识》,《管理学家(学术版)》2008 年第 4 期。

[14]胡跃飞、黄少卿:《供应链金融:背景、创新与概念界定》,《金融研究》2009 年第 8 期。

[15]蒋伏心、周春平:《交易成本、非正规金融与中小企业融资》,《世界经济与政治论坛》2009 年第 2 期。

[16]刘西川、程恩江:《中国农业产业链融资模式——典型案例与理论含义》,《财贸经济》2013 年第 8 期。

[17]陆正飞、杨德明:《商业信用:替代性融资,还是买方市场?》,《管理世界》2011 年第 4 期。

[18]罗元辉:《供应链金融与农业产业链融资创新》,《中国农村金融》2011 年第 9 期。

[19]马九杰、张永升、佘春来:《基于订单农业发展的农业价值链金融创新策略与案例分析》,《农村金融研究》2011 年第 7 期。

[20]满明俊:《农业产业链融资模式比较与金融服务创新——基于重庆调研的经验与启示》,《农村金融研究》2011 年第 7 期。

[21]彭菊颖:《农业产业链融资及品牌农业发展研究》,《西南金融》2013 年第 11 期。

[22]秦海林:《信贷担保与中小企业融资难的交易成本分析》,《石河子大学学报(哲学社会科学版)》2010 年第 3 期。

[23]任长青:《价值链融资及其对农村信用社扩展金融服务的启示》,《理论探索》2009 年第 7 期。

[24]史清华、陈凯:《欠发达地区农民借贷行为的实证分析——山西 745 户农民家庭的借贷行为的调查》,《农业经济问题》2002 年第 10 期。

[25]宋雅楠、赵文、于茂民:《农业产业链成长与供应链融资服务创新:机理和案例》,《农村金融研究》2012 年第 3 期。

[26]宋雅楠:《农业价值链融资特征及国外经验启示》,《中国物价》2012 年第 11 期。

[27]童长凤:《交易成本与融资渠道选择:中国小企业融资难问题的解释》,《甘肃金融》2012 年第 5 期。

[28]王刚贞:《基于农户视角的价值链融资模式研究——以上海某生猪养殖公司

为例》,《财贸研究》2015 年第 2 期。

[29]肖卫东、杜志雄:《家庭农场发展的荷兰样本:经营特征与制度实践》,《中国农村经济》2015 年第 2 期。

[30]徐洁:《信用交易:担保物权制度演变的经济分析》,《社会科学研究》2007 年第 3 期。

[31]杨再斌、匡霞:《国有商业银行对中小企业信贷配给行为的内生制度根源分析》,《财贸研究》2003 年第 1 期。

[32]姚淑芬:《农业产业化龙头企业的价值链融资探讨——以温氏集团为例》,《重庆科技学院学报(社会科学版)》2011 年第 4 期。

[33]衣保中、郑丽:《日本农协在农业产业化中的作用》,《现代日本经济》2006 年第 4 期。

[34]余丽燕、罗良标:《日本农协融资经验与启示》,《亚太经济》2012 年第 2 期。

[35]袁庆明、刘洋:《威廉姆森交易成本决定因素理论评析》,《财经理论与实践》2004 年第 5 期。

[36]岳志:《从金融交易成本看合作金融制度的效率》,《财经科学》2001 年第 6 期。

[37]张明莉:《荷兰合作银行:合作制胜》,《银行家》2006 年第 8 期。

[38]张前程、张庆亮:《农业合作保险中政府支持的经济学分析》,《阜阳师范学院学报(社会科学版)》2010 年第 6 期。

[39]张庆亮、张宝兵:《论我国农村合作经济发展中的领导者培育》,《财贸研究》2008 年第 4 期。

[40]张庆亮:《农业价值链融资:解决农业融资难的新探究》,《财贸研究》2014 年第 5 期。

[41]张庆亮:《农业价值链融资:解决小微农业企业融资难的有效途径——从交易成本的视角》,《云南社会科学》2014 年第 5 期。

[42]张书琛:《构建信用体系降低信用成本》,《广东商学院学报》2003 年第 1 期。

[43]张水英、文孟婵:《中小企业贷款融资效率模糊综合评价——关系型贷款与市场交易型贷款融资效率的比较》,《当代经济》2007 年第 10 期。

[44]张旭锋:《日本农协在农业现代化建设中的地位——日本农协运营管理考察一瞥》,《农村经营管理》2012 年第 9 期。

[45]张永升、杨永坤、马九杰、朱乾宇:《基于合作社的农业价值链融资研究——以重庆市北碚区金刀峡农业合作社为例》,《世界农业》2011 年第 10 期。

[46]赵江、冯宗宪:《关系型贷款能解决中小企业信贷配问题吗? ——建立在伯特兰德寡头分析框架下的理论模型》,《求索》2006 年第 8 期。

[47]赵绪福、王雅鹏:《农业产业链、产业化、产业体系的区别与联系》,《农村经济》2004 年第 6 期。

[48]中国人民银行重庆营业管理部课题组:《日本综合农协发展改革前景及其对我国的借鉴》,《南方金融》2006 年第 7 期。

[49]朱磊、冯锐:《商业银行产业链金融探析》,《中央财经大学学报》2012 年第 2 期。

[50]侯淑霞:《乳品产业链纵向组织关系研究》,华中农业大学 2007 年博士学位论文。

[51]李军民:《湖南省优质稻米产业链研究》,湖南农业大学 2007 年博士学位论文。

[52]李新庚:《信用论纲——信用的道德和经济意义分析》,中共中央党校 2003 年博士学位论文。

[53]刘峰:《中国茧丝绸产业链纵向合作关系研究》,山东农业大学 2011 年博士学位论文。

[54]刘慧波:《产业链纵向整合研究——以浙江省制造业企业为例》,浙江大学 2009 年博士学位论文。

[55]吕伟伟:《资金约束下供应链成员企业的融资决策研究》,河北工程大学 2014 年硕士学位论文。

[56]石双玉:《基于共生理论的小额信贷制度创新研究》,浙江大学 2008 年硕士学位论文。

[57]宋雅楠:《农业供应链金融的市场微观结构:契约、治理与合作》,中国人民大学 2014 年博士学位论文。

[58]王桂霞:《中国牛肉产业链研究》,中国农业大学 2005 年博士学位论文。

[59]王亚飞:《农业产业链纵向关系的治理研究——以专业化分工为研究视角》,西南大学 2011 年博士学位论文。

[60]位荣秀:《融资成本视角下的农业价值链融资研究》,安徽财经大学 2014 年硕士学位论文。

[61]朱述斌:《"共生型"中国农产品价值链管理的理论与方法研究》,北京林业大学 2009 年博士学位论文。

[62]奥利弗·威廉姆斯著:《资本主义经济制度》,商务印书馆 2002 年版。

［63］卢现祥著:《西方新制度经济学》,中国发展出版社 2003 年版。

［64］罗纳德·科斯、阿尔钦、诺斯著:《财产权利与制度变迁——产权学派与新制度学派译文集》,上海人民出版社 1994 年版。

［65］张庆亮著:《中国农村民营金融发展研究》,经济科学出版社 2008 年版。

［66］张庆亮著:《农民收入保障的组织制度构建与完善研究》,载石秀和等著:《中国农村社会保障问题研究》,人民出版社 2006 年版。

［67］嵇晓雄:《中国乳业能向荷兰学点啥》,光明网光明经济栏目(http://economy.gmw.cn),2013 年 11 月 18 日。

［68］杨团:《借鉴东亚农协经验进行三农顶层设计》,《南方周末》2012 年 9 月 24 日。

［69］加尔米·米勒、琳达·琼斯著:《农业价值链融资:工具与经验》,曲春红等译,中国农业出版社 2017 年版。

［70］郑美华、王刚贞著:《基于农业价值链的融资体系研究》,经济科学出版社 2019 年版。

［71］周晔馨:《社会资本是穷人的资本吗——基于中国农户收入的经验证据》,《管理世界》2012 年第 7 期。

［72］张建杰:《农户社会资本及对其信贷行为的影响》,《农业经济问题》2008 年第 8 期。

［73］Anup Singh,"Sources of Funding and Support System for Value Chain Finance:Lessons from Asia",*Workshop on Enhancing Exports' Competitiveness though Value Chain Finance*,South Africa,November 15−16,2012.

［74］Calvin Miller and Carlos Da Silva,"Value Chain Financing in Agriculture",*Enterprise Development and Microfinance*,No.18,2007

［75］Calvin Miller and Linda Jones,*Agricultural Value Chain Finance:Tools and Lessons*,Published by FAO and Practical Action,2010.

［76］Calvin Miller,*Agricultural Value Chain Finance:Strategy and Design*,Published by FAO of the United Nations,2011.

［77］Catherine Johnston and Richard L.,"Meyer Value Chain Governance and Access to Finance:Maize,Sugar Cane and Sunflower Oil in Uganda",*Enterprise Development and Microfinance*,No.4,2012.

［78］Fries Bob,*The Value Chain Framework,Rural Finance,and Lessons for TA Providers and Donors*,2007.

[79] Larry N.and Digal, *Southeast Asia Regional Conference on Agricultural Value Chain Financing*, *Kuala Lumpur*, *Malaysia*, 2007, December 12-14.

[80] Ghore Y. , *Agri-Revolution Conference: Financing the Agricultural Value Chain Conference Summary Report*, Mumbai, India.2007.

[81] K.V.Gouri and Vijay Mahajan, *Different Models of Financing Small Farmers' Agricultural Value Chains*, Financing Agriculture Value Chains in India, 2017.

[82] Matthew Warning and Wendy Soo Hoo, "The Impact of Contract Farming on Income Distribution: Theory and Evidence", Paper Prepared for Presentation at the Western Economics Association International Annual Meetings, No.6, 2000.

[83] Calvin Miller and Linda Jones, *Agricultural Value Chain Finance: Tools and Lessons*, Published by Food and Agriculture Organization of the United Nations and Practical Action Publishing , 2010.

[84] Mumbi Kimathi, Mbita Mary Nandazi and Calvin Miller, Dorothy Nduku K. Kipsang, *Africa Agricultural Value Chain Financing*, http://www. rural finance. org / fileadmin/templates/rflc/documents/1252672305521_Mi-crosoft_Word_Africa_agricultural_Val-2019272682.Pdf, 2008.

[85] Nathanael Bourns and Ivana Fertziger, *Incorporating Finance Into Value Chain Analysis-Case Study: Ataulfo Mango Value Chain in Chiapas, Mexico*, The AFIRMA Project, together with the AMAP Project Managed by Development Alternatives, This Publication for Review by USAID, 2008.

[86] Oliver Williamson, *Markets and Hierarchies: Analysis and Antitrust Implications*, New York: Free Press, 1975.

[87] Pearce Douglas, *Buyer and Supplier Credit to Farmers: Do Donors have a Role to Play?*, Paving the Way forward for Rural Finance: An International Conference on Best Practices, Washington, D.C. , 2003.

[88] Pramot Prasittipayong and Wirawan Jamsin, *The Case of Value Chain Financing in the Shrimp Industry in Thailand*, Southeast Asia Regional Conference on Agricultural Value Chain Financing, Asia Productivity Organization(APO) , 2017.

[89] R.II.Coase, "The Nature of the Firm", *Economica*, *New Series*, No.16, 1937.

[90] R.H.Coase, "The Problem of Social Cost", *Journal of Law and Economics*, No, 3, 1960.

[91] Richard John Pelrine, *Agricultural Value Chain Finance in Kenya*, http://www.fsd-

kenya.org/pdf_documents/10-07-27_Value_chain_study.pdf.,2009.

［92］Richard L. Meyer, *Analyzing and Financing Value Chains: Cutting Edge Developments in Value Chain Analysis*,Presentation at the 3rd African Microfinance Conference:New Options for Rural and Urban Africa Kampala,Uganda,20-23 August,2007.

［93］Robert Fries and Banu Akin,"Value Chains and Their Significance for Addressing the Rural Finance Challenge",Accelerated Micro-enterprise Advancement Project,No. 12,2004.

［94］Rodolfo Quirós,San José and Costa Rica,*Agricultural Value Chain Finance*,Published by FAO and Academia de Centroamérica,2007.

［95］R.T.Institute,*Value Chain Finance:Beyond Microfinance for Rural Entrepreneurs*, Publisher:KIT Publishers,2012.

［96］Rutten.L.,Choudhary,A.and Sinha A.,*Building a New Agriculture Trade,Finance and Risk Management System*,Presentation at the Asia International Conference,2007.

［97］Torrebiarte,P.,*Asistencia Tecnica,Mitigacion de Riesgo y acceso a Servicios Financieros*,Presentation at the Latin American Confererence,2006.

［98］Tushar Pandey,Nagahari Krishna,et al.,"Innovative Payment Solutions in Agricultural Value Chain as a Means for Greater Financial Inclusion",*Agricultural Economics Research Review*,No.23,2010.

［99］C.Gonzalezvega,G.Chalmers,R.Quirosand J.Rodriguezmeza,"Hortifruti in Central America:A Case Study about the Influence of Supermarkets on the Development and Evolution of Creditworthiness among Small and Medium Agricultural Producers",*Springer Berlin Heidelberg*,No.8,2002.

［100］Wayne D. Purcell and William T. Hudson,"Risk Sharing and Compensation Guides for Managers and Members of Vertical Beef Alliances",*Review of Agriculture Economics*,No.1,2003.

［101］Vighneswara Swamy and Dharani,"Analyzing the Agricultural Value Chain Financing:Approaches and Tools in India",*Agricultural Finance Review*,No.7,2016.

［102］Parvadavardini Soundarrajan and Nagarajan Vivek,"A Study on the Agricultural Value Chain Financing in India",*Agricultural Economics*,2015.

［103］Datta,Sankar,B.Pratima,and V.Apoorva,*Innovative Financial Tools for Agricultural Value Chain Financing—Case Studies on Innovative Agro-value Chain Finance in India*, New Delhi:Access Development Services,2015.

［104］Mahajan，Vijay，*Value Addition，Value Chain and Value Chain Finance Model—A Conceptual Note*，Basix，Hyderabad：Mimeo，2012.

［105］Mathew Paul Ojo and Adeolu Babatunde Ayanwale，"Value Chain Financing and Plantain Production in Nigeria：An Ex-ante Approach"，*Springer Journal*，No.10，2019.

［106］Coulter，J.，*Review of Warehouse Receipt System and Inventory Credit Initiatives in Eastern and Southern Africa*，UNCTAD，All ACP A Commodities Programmer（AAACP），2009.

［107］Höllinger，F.and Rutten，L.，"The Use of Warehouse Receipt Finance in Agriculture in ECA Countries"，Technical Background Paper for the World Grain Forum 2009，St. Petersburg，Russian Federation，6-7 June，2009.

［108］Tosun，D.，Savran，M. K.，Niyaz，Ö. C.，Keskin，B. and Demirbaş，N.，"The Evaluation of the Warehouse Receipt System for Agro-Food Products in Turkey"，*Anadolu Journal of Agricultural Sciences*，No.3，2014.

［109］Morduch，J.，"The Microfinance Promise"，*Journal of Economic Literature*，37（4），Dec.，1999.

［110］Enjiang Cheng，Longyao Zhang，"Literature and Case Reviews on Innovative Value Chain Financing for Agriculture and Food in China and other Developing Countries"，*International Food Policy Research Institute*，2013.

［111］Carter M.and Waters E.，"Rethinking Rural Finance：A Synthesis of the Paving the Way forward for Rural Finance Conference"，*Collaborative Research Support Program*，University of Wisconsin Madison，Washington DC-United States of America，2004.

附　　录

江苏省盱眙县小龙虾价值链
融资的养殖户调查问卷

尊敬的　先生/女士:

您好!

我们是××大学的学生/老师,正在做一项"小龙虾价值链融资研究"的社会调查。您是我们需要调查的对象,您提供的信息是我们进行科学研究的基础。请您放心,您所提供的所有信息将绝对保密。非常感谢您的参与和支持!

调查背景

调查员姓名		学院班级		手机号码	
养殖户所在地区	盱眙　县		乡(镇)	村	
养殖户离县城的距离(公里)			调查日期		

第一部分　小龙虾养殖户基本信息

1	小龙虾养殖户主姓名:_____;联系电话:_____;性别: 1.男　2.女;年龄:_____岁。
2	养殖户家庭劳动力的最高文化程度:_____1.小学及以下;2.初中;3.高中;4.中专;5.大专或以上。

续表

3	1.养殖户家庭成员是否有干部_____ 1.乡及乡以上干部;2.村干部;3.小组长; 4.否。
	2.养殖户亲戚中是否有干部:_____ 1.乡及乡以上干部;2.村干部;3.小组长;4.否。
4	1.养殖户婚姻状况:_____ 1.已婚;2.单身;3.丧偶;4.离异;5.其他;6.不愿意回答。
	2.养殖户家庭成员数量(经济上相互依赖,生活在一起的成员):_____人。 在校学生人数:_____人。
	3.养殖户家庭劳动力人数(定义为18—60岁的身体健康者):_____人。
	4.养殖户家庭成员外出务工人员数量(定义为1年中6个月以上在县外务工人员):_____人。
	5.养殖户雇佣工人人数:_____人。
5	养殖户总计投入初始资本(建设资金总投入):_____万元。
6	1.养殖户2014年全年总收入:_____万元,主要收入来源:_____。 总支出:_____万元,主要支出项目:_____; 2.养殖户2015年全年总收入:_____万元,主要收入来源:_____。 总支出:_____万元,主要支出项目:_____。
7	1.养殖户2014年小龙虾养殖全年销售收入:_____万元,利润:_____万元; 2.养殖户2015年小龙虾养殖全年销售收入:_____万元,利润:_____万元。 盱眙县养殖小龙虾的年毛利润率大约:_____%。
8	养殖户对下个三年的计划是:_____。1.扩大经营;2.保持现状;3.减少投资。
9	养殖户的经营风险偏好:_____。1.风险厌恶;2.风险中性;3.风险偏好。

第二部分　小龙虾养殖户融资状况

10	养殖户养殖小龙虾初期的主要资金来源是(可多选):_____。 1.自有资金;2.通过内部集资;3.通过民间借贷;4.通过向银行借款;5.其他(注明)。
11	目前养殖户生产经营资金的主要来源渠道为(可多选):_____。1.自有资金;2.银行融资;3.上下游合作伙伴提供(如应收账款、预收账款、定金);4.民间借贷;5.其他。
12	1.养殖户是否经常出现资金短缺的情况:_____。1.是;2.否。
	2.养殖户若有经常性资金缺口,其缺口大约是:_____万元。

续表

13	养殖户认为导致其资金紧张的原因(按影响程度大小为序,可多选,可填列其他因素):_____。 1.原辅材料涨价过快,小龙虾价格增长缓慢,利润空间受到挤压,导致资金占用增加; 2.投资规模扩张过快,配套流动资金不能足额及时满足需求; 3.劳动力成本上升,导致资金占用增加; 4.很难从外部渠道(银行和民间中小企业融资)融到资金; 5.小龙虾销售渠道不畅,应收货款占用上升; 6.管理不善,效益不好,资金周转困难; 7.其他(注明)_____。
14	养殖户所需资金主要用于:_____。 1.扩大生产;2.技术改造;3.维持正常生产资金需要;4.偿还贷款;5.其他(注明)_____。
15	养殖户资金需求的主要期限:_____。 1.3个月以内;2.4—6个月;3.6—12个月;4.12—24个月;5.24个月以上
16	养殖户认为下列哪些因素对养殖户融资影响最大(按照其影响程度由大到小的顺序排列):_____。 1.养殖规模;2.熟悉程度;3.抵押品;4.养殖户信用状况;5.其他(注明)_____。
17	养殖户认为以下哪种渠道融资成本较高(限选3项,由高到低排序):_____。 1.国有银行;2.股份银行;3.地方性银行(城市商业银行);4.信用社(农商行);5.亲朋借款;6.租赁;7.商业信用赊欠;8.其他(注明)_____。
18	养殖户是否申请过银行贷款?_____。1.是;2.否。
19	如果养殖户没有申请过银行贷款,原因是什么(可多选):_____。 1.资金充足,不需要;2.认为自身资产和盈利状况难以获得贷款; 3.银行贷款成本太高;4.银行办理贷款的速度太慢;5.办理贷款程序过于复杂; 6.认为自己没有抵押、质押、担保的能力;7.其他(注明)_____。
20	若养殖户申请过银行贷款,是否获得批准?_____。1.是;2.否。
21	若养殖户未被批准、无法获得贷款,银行拒绝贷款的理由是:_____。 1.缺乏营业执照等实质性要件或已过期; 2.曾经有过欠息、逾期、转贷等不良的信用记录; 3.财务报表不规范、不真实; 4.自身财务状况、经营状况无法满足贷款条件; 5.缺乏抵押条件,也缺乏其他有效担保; 6.贷款用途不符合国家或本市的产业政策;

21	7.信用等级较低,达不到银行贷款要求; 8.不符合银行要求的其他贷款条件; 9.银行缺少适合养殖户的信贷产品; 10.其他原因(注明)＿＿＿＿＿。 若养殖户获得批准,则是否被银行要求(可多选):＿＿＿＿＿＿。 1.合同外约定将一定比例贷款资金存入该行(开办结算户除外); 2.约定贷款获批前必须在该行存入一定金额款项,否则不予受理贷款申请(根据存款情况给予利率优惠除外); 3.强制要求购买理财、保险、基金等产品,否则不予受理贷款申请; 4.其他(请注明)＿＿＿＿＿; 5.无。
22	如果养殖户申请并获得过贷款＿＿＿＿＿ 1.工行;2.农行;3.中行 4.建行;5.农信社 6.城商行;7.村镇银行;8.邮储;9 其他,请注明＿＿＿＿＿ 从哪类金融机构获得过贷款＿＿＿＿＿ 1.申请金额:＿＿＿＿＿万元。 2.银行批准金额:＿＿＿＿＿万元。 3.得到贷款的时间:＿＿＿＿年＿＿＿＿月。 4.借款期限:＿＿＿＿月。 养殖户对贷款期限是否满意?＿＿＿＿1.是;2.否。如不满意,养殖户认为多长期限较合适?＿＿＿＿月。 5.申请至拿到贷款的周期:＿＿＿＿天,养殖户对贷款周期长度是否满意?＿＿＿＿＿。 1.是;2.否。如果不满意,养殖户认为合理的贷款周期应该为:＿＿＿＿天。 6.贷款年利率＿＿＿＿%,养殖户认为利率水平?＿＿＿＿①太高;②有点高;③接受;④满意。 7.贷款用途:＿＿＿＿。①养殖设施;②流动资金;③购买投入品;④技术改造;⑤其他。 8.贷款条件:＿＿＿＿。①抵押;②担保;③既有抵押,又要担保;④信用贷款;⑤加入合作社;⑥其他(请注明) 若是担保方式,养殖户是否通过担保机构获得贷款?＿＿＿＿1.是;2.否。 担保公司担保费率为＿＿＿＿%;养殖户融资综合成本年利率为＿＿＿＿%。 9.要求的还款方式为:＿＿＿＿①一次性还款　②定期还款　③何时有钱何时还款　④小龙虾销售收入。 10.养殖户是否有过没有按时还款的情况?＿＿＿＿1.是;2.否。

22	如果是,原因是:_____①收入低于预期造成资金困难;②成本高于预期造成资金困难;③规定还款日期没有钱/没有足够的钱还款;④银行没有要求还款;⑤对还款金额有争议;⑥其他,请注明_____。 如果是,养殖户是否最终向借款人还款?_____。1.是;2.否。原因是:_____。

第三部分　农业价值链融资参与情况

23	养殖户在养殖小龙虾过程中,是否与有关单位签订过订单:_____。1.是;2.否。 如果没有签,其原因是什么?(可多选)_____。1.不知道订单是怎么回事;2.自己规模太小,对方不感兴趣;3.手续太复杂;4.好处不明显;5.怕对方不可靠;6.没这个必要;7.其他(请说明)_____。 如果签过,最早是哪一年?_____。 请问想与哪一单位签订订单?_____。 1.当地贩销大户;2.企业;3.村集体经济组织;4.合作社或专业协会;5.其他(请说明)_____。
24	养殖户参与小龙虾价值链(签订合同)希望得到哪些帮助(可多选):_____。 1. 生产资金不足,希望获得融资;2. 获得养殖技术指导;3. 获得价格保障,降低销售风险;4. 获得生产要素的稳定供应;5. 其他(请说明)_____。
25	如何与对方签订合同:_____。1.自己直接与对方签的;2.通过村集体与对方签约;3.通过合作组织(或协会)与对方签约;4.其他(请说明)_____。 养殖户事先能否对合同或协议的条款提出修改?_____。1.是;2.否。
26	养殖户是否要向对方预付押金?_____。1.是;2.否。 养殖户是否预收对方的订金?_____。1.是;2.否。 预收的订金是多少?_____元。
27	小龙虾的定价方式:_____。1.固定价格;2.随行就市;3.保底价,随行就市;4.随行就市,比市场价格高;5.其他(请说明)。
28	交付小龙虾后采取什么样的结算方式:_____。1.按每笔交易结算;2.交货后,养殖户择日结算;3.交货后,企业拖后一定时间结算;4.其他方式。
29	养殖户怎样将小龙虾交到对方:_____。1.相关单位主动上门收购;2.养殖户主动交到相关单位,所需费用,由相关单位支付;3.养殖户主动交到相关单位,所需费用由养殖户支付;4.相关单位通过中间人代收;5.其他(请说明)_____。
30	合同有没有对小龙虾规格、质量有要求?_____。1.是;2.否。 在生产管理过程是否有规定?_____。1.是;2.否。 是否提供术指导?_____。1.是;2.否。

30	该技术指导是否收费？_____。1.是；2.否。 有无利润返还？_____。1.是；2.否。 合同有没有规定双方的违约责任？_____。1.是；2.否。 对方违约的方式有哪些？_____。1.完全拒收；2.降低价格；3.压低等级；4.其他（请说明）_____。
31	养殖户不履行合同的原因是什么？_____。1.市场价格更高，卖给非合同企业更有利；2.产品质量不符合对方要求；3.数量不够，对方拒收；4.交货时间不及时，对方拒收；5.其他（请说明）_____。 养殖户因违约，受到了哪些惩罚 1.没有任何惩罚；2.再次签订合同时会被拒绝；3.再次签订合同条件更苛刻；4.被迫支付违约金，但比获利小；5.被迫支付违约金，但比获利大；6.其他（请说明）_____。 对方违约后是否赔偿？_____。1.没有任何赔偿；2.按照合同规定赔偿；3.企业随便给一点赔偿；4.按一定的损失比例赔偿；5.其他（请说明）_____。 养殖户认为合同的主要问题是什么？_____。1.没有问题；2.合同不完善；3.合同执行不严；4.合同不平等；5.合同期限太长；6.合同期限太短；7.其他（请说明）_____。
32	合同最后有没有履行？_____。1.是；2.否。 是养殖户没有履行合同吗？_____。1.是；2 否。 养殖户没有履行合同，是否受到惩罚？_____。1 是；2 否。

第四部分　小龙虾价值链融资的信用成本

33	1.之前的养殖经历：_____。小龙虾＝1；鸡鸭鹅＝2；牛羊猪＝3；无＝4。
	2.获取信息困难程度：_____。很难＝1；一般＝2；容易＝3；非常容易＝4。
	3.市场价格波动幅度：_____。比较稳定＝1；不太稳定＝2；很不稳定＝3。
	4.养小龙虾收入占总收入的比重：_____。0.1以下＝1；0.1—0.4＝2；0.4—0.6＝3；0.6—0.8＝4；0.8以上＝5。
	5.买方价格调整：_____。非常不认同－1；不认同＝2；一般＝3；比较认同＝4；非常认同＝5。
	6.对企业或合作社相关服务效果：_____。1＝非常不认同；2＝不认同；3＝一般；4＝比较认同；5＝非常认同。
	7.商定价格的难易程度：_____。很容易＝1；较容易＝2；一般＝3；较难＝4；很难＝5。
	8.小龙虾等级合格情况：_____。不合格＝1；一般＝2；合格＝3。

续表

33	9.养殖户与下游企业对小龙虾质量等级认定的差异:_____。一致=1;有时有差异=2;经常有差异=3。
	10.养殖户是否参加过技术培训:_____。否=0;是=1。
	11.签订生产合同:签订了书面合同=1,其他=0。_____。
34	12.价值链中同等级小龙虾买方销售价格的差异:_____。有较大差异=1;有时有差异=2;没有差异=3。
35	13.养殖户是否参加养殖中的培训:_____。否=0;是=1。
	14.贷款支付方式:_____。钱货两清=1;1—7天银行转账=2;7—15天现金付款=3;15—30天后银行转账=4;下次供货结上次的账=5。
	15.运输新鲜小龙虾的困难程度:_____。很容易=1;较容易=2,一般=3;较难=4;很难=5。
	16.对小龙虾等级的认定:_____。完全相同=1;基本相同=2;有时相同/有时不相同=3;经常不相同=4;完全不相同=5。
	17.运输新鲜小龙虾的困难程度:_____。很容易=1;较容易=2;一般=3;较难=4;很难=5。
	18.交付小龙虾给指定企业:_____。100%=1;70%-100%=2;30%-70%=3;<30%=4。
	19.养殖小龙虾的疫病风险:_____。病死小龙虾数(只)。
	20.收回货款的不确定性:_____。很低=1;比较低=2;一般=3;比较高=4;很高=5。
	21.养殖户的养殖活动是否参加保险:_____。否=0;是=1。
	22.养殖小龙虾预期效益实现情况:_____。良好=1;一般=2;差=3;亏损=4。
	23.养殖户是否在指定银行开设专门账户:_____。否=0;是=1。

后　　记

　　本书是在国家社会科学基金项目"基于信用成本的农业价值链融资研究"(13BJL066)结题成果的基础上形成的。项目组成员充分发挥了团队合作的力量,围绕研究框架和研究内容进行了分工,对研究成果的草稿、初稿进行了多轮研讨,经过一次又一次充分的思想交流,一次又一次激烈的观点碰撞,一次又一次认真的总结提炼,在不断调整和完善中最终完成了项目研究报告。

　　在项目实施过程中,需要进行专项的农村实地调研,经过精心选择和设计,组织了安徽省怀远县、太湖县以及江苏省盱眙县等地的特色种养殖业的调研。安徽财经大学的师生们深入农村田间地头、农户家庭、合作社、中小企业及政府有关部门,收集了大量第一手信息和资料,掌握了项目研究需要的相关政策和措施,为后续研究打下了坚实的基础。怀远县、太湖县和盱眙县的农委、农村信用社联合社、村镇银行等有关部门以及相关乡镇的领导和工作人员,特别是调研所在村两委负责人给予了大力支持和帮助。在调研过程中所有被访问农户、农民专业合作社等相关人员针对调研问卷的所有问题进行耐心回答,为项目研究提供了最真实的素材,帮助项目组圆满完成了调研活动。项目组的胡联博士、张超博士、王刚贞博士等,以及产业经济学专业的硕士研究生刘品、方悦、王丙文等,参加了多次农村实地调研,认真撰写调研总结和报告,为项目的顺利实施做了大量工作。在此向所有支持和参与农村实地调研的朋友们和师生们表示衷心的感谢!

本书的完成是集体智慧的结晶,是实践探索的总结与提炼。本书共分十章。导论、第一章、第二章、第三章、第四章由张庆亮撰写,第五章由胡联、张庆亮撰写,第六章由张庆亮、张超撰写,第七章由张庆亮、方悦撰写,第八章由张庆亮、刘品撰写,第九章由张庆亮、王刚贞撰写。全书由张庆亮、周秀娟进行统稿、整理。

农业价值链融资问题的研究在我国总体处于起步发展阶段,农业价值链融资的实践也处于探索尝试阶段。这对本书的研究提出了更多的挑战,虽然我们努力在理论和实践方面下功夫,但是取得的成果也还是初步的、探索性的。特别是限于视野的限制和实践的困难,我们深知本书的研究仍有很多不足之处,恳请和期待学界同仁们给予批评指正和提出宝贵意见。

本书的写作、出版得到了我原工作单位安徽财经大学的领导和同事们的大力支持。安徽师范大学经济管理学院的同事们也为本书的出版提供了积极帮助。人民出版社的吴焰东编辑为本书的出版付出了辛勤的努力和汗水!在此,对大家的支持和帮助表示衷心的感谢!

特别需要说明的是,本书的写作从最初的撰写国家社会科学基金项目申请书开始到最终的书稿定稿时间跨度较大,框架结构和内容体系随着研究进程进行了适当调整,期间参考借鉴了大量国内外文献和相关资料,在此对所有文献和资料的作者们表示衷心的感谢!正因为有了你们在相关主题方面的前瞻性研究,才使我们受到启迪和鼓励!当然,我们试图对文中的引文进行准确的注释和说明,但限于时间的原因,难免存在疏漏,在此诚恳地表示歉意!

张庆亮
2020.2.18

责任编辑:吴焰东
封面设计:石笑梦
封面制作:姚　菲
版式设计:胡欣欣

图书在版编目(CIP)数据

基于信用成本的农业价值链融资研究/张庆亮 等 著. —北京:人民出版社,
　2020.12
ISBN 978－7－01－022490－9

Ⅰ.①基…　Ⅱ.①张…　Ⅲ.①农业金融-融资-研究　Ⅳ.①F830.34

中国版本图书馆 CIP 数据核字(2020)第 176782 号

基于信用成本的农业价值链融资研究
JIYU XINYONG CHENGBEN DE NONGYE JIAZHILIAN RONGZI YANJIU

张庆亮　等 著

人民出版社 出版发行
(100706　北京市东城区隆福寺街99号)

中煤(北京)印务有限公司印刷　新华书店经销

2020 年 12 月第 1 版　2020 年 12 月北京第 1 次印刷
开本:710 毫米×1000 毫米 1/16　印张:14
字数:200 千字

ISBN 978－7－01－022490－9　定价:55.00 元

邮购地址 100706　北京市东城区隆福寺街 99 号
人民东方图书销售中心　电话 (010)65250042　65289539